明天的学校

〔美〕约翰·杜威◎著

何克勇◎译

杜威著作精选

刘放桐 陈亚军 主编

华东师范大学出版社

·上海·

图书在版编目(CIP)数据

明天的学校/(美)约翰·杜威著;何克勇译.—上海:华东师
范大学出版社,2019(杜威著作精选)
ISBN 978-7-5675-8692-5

Ⅰ.①明… Ⅱ.①约…②何… Ⅲ.①学校教育-研究-美
国 Ⅳ.①G571.2

中国版本图书馆 CIP 数据核字(2019)第 020112 号

杜威著作精选

明天的学校

著　　者　(美)约翰·杜威
译　　者　何克勇
责任编辑　朱华华
责任校对　王丽平
装帧设计　卢晓红

出版发行　华东师范大学出版社
社　　址　上海市中山北路 3663 号　邮编 200062
网　　址　www. ecnupress. com. cn
电　　话　021-60821666　行政传真 021-62572105
客服电话　021-62865537　门市(邮购)电话 021-62869887
地　　址　上海市中山北路 3663 号华东师范大学校内先锋路口
网　　店　http://hdsdcbs.tmall.com

印　刷　者　上海展强印刷有限公司
开　　本　890×1240　32 开
印　　张　8.5
字　　数　140 千字
版　　次　2019 年 5 月第 1 版
印　　次　2020 年 11 月第 2 次
书　　号　ISBN 978-7-5675-8692-5/G·11760
定　　价　48.00 元

出 版 人　王　焰

(如发现本版图书有印订质量问题,请寄回本社客服中心调换或电话 021-62865537 联系)

Schools of To-Morrow

School and Society

Human
Nature
and
Conduct

Democracy
and
Education

Reconstruction
in Philosophy

Psychology

The Quest
for Certainty

The Public and its Problems

Art as
Experience

Ethics

How
We Think

Experience
and Nature

目 录

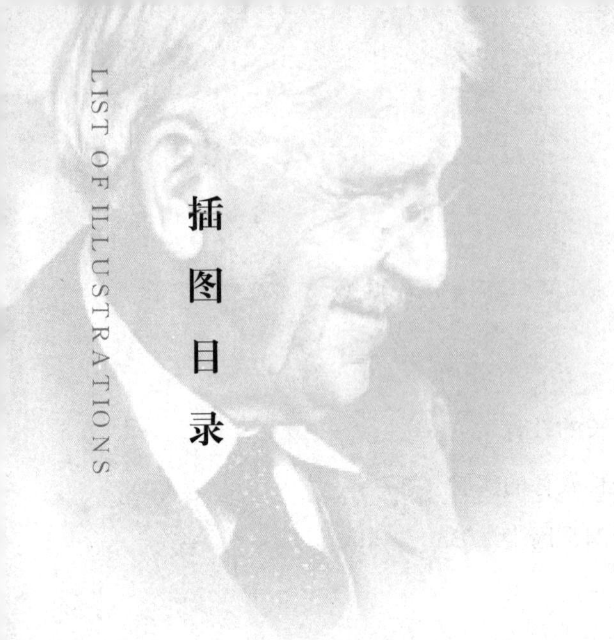

插图目录

LIST OF ILLUSTRATIONS

主
编
序

在杜威诞辰160周年暨杜威访华100周年之际，华东师范大学出版社推出《杜威著作精选》，具有十分重要的纪念意义。

一百年来，纵观西方思想学术发展史，杜威的影响不仅没有成为过去，相反，随着20世纪后半叶的实用主义复兴，正越来越受到人们的瞩目。诚如胡适先生所言："杜威先生虽去，他的影响永远存在，将来还要开更灿烂的花，结更丰盛的果。"

在中国，杜威的命运可谓一波三折。只是在不远的过去，国人才终于摆脱了非学术的干扰，抱持认真严肃的态度，正视杜威的学术价值。于是，才有了对于杜威著作的深入研究和全面翻译。

华东师范大学出版社历来重视对于杜威著作的翻译出版，此前已推出了《杜威全集》（39卷）、《杜威选集》（6卷）的中文版，这次又在原先出版的《全集》的基础上，推出《杜威著作精选》（12种）。如此重视，如此专注，在国内外出版界都是罕见的，也是令人赞佩的。

或许读者会问，既有《全集》、《选集》的问世，为何还要推出《精选》？我们的考虑是：《全集》体量过大，对于普通读者来说，不论是购买的费用还是空间的占用，均难以承受。而《选集》由于篇幅所限，又无法将一些重要的著作全本收入。《精选》的出版，正可以弥补《全集》和《选集》的这些缺憾。

翻译是一种无止境的不断完善的过程，借这次《精选》出版的机会，我们对原先的译本做了新的校读、修正，力图使其更加可靠。但我们知道,尽管做了最大努力,由于种种原因,一定还会出现这样那样的问题。我们恳切地希望各位方家不吝赐教,以使杜威著作的翻译臻于完美。

最后,我们要特别感谢华东师范大学出版社王焰社长,感谢朱华华编辑。杜威著作的中文翻译出版,得到了华东师范大学出版社一如既往的大力支持,朱华华编辑为此付出了很多的心血。没有这种支持和付出,就没有摆在读者面前的这套《杜威著作精选》。

刘放桐　陈亚军

2019 年 1 月 28 日于复旦大学

一次开卷考试（亚拉巴马州费尔霍普）

序

撰写本书的目的，并不是为了提出一套完整的教育理论，也不是为了评述任何"制度"，更不是为了讨论某些著名教育家的观点。本书不是一本有关教育学的教科书，也不是一本阐述某种教学新方法的论著，所以不可能向疲惫的教师或者不满的家长说明如何施行教育。本书试图表明学校一旦按照自己的方式，把自柏拉图以来的一些理论付诸实践，实际上会发生什么。事实证明，这些理论是最合理的和最杰出的，后来却被作为人类"知识遗产"的瑰宝而被恭恭敬敬地束之高阁。凡是学过教育学的教师都熟知其中的某些观点，而这些观点中的有些部分又形成了每一种教育理论中公认的部分。然而，一旦把这些观点应用于课堂，公众的一般反应和教师的具体反应则是强烈反对，说这样做是把课堂变成了一个实践心血来潮的古怪念头的场所，变成一个缺乏任何长远目标和指导原则的地方。本书希望展现一旦教师应用这些观点会发生什么，并向读者提示，教育改革者们所提出的那些广受认可和赞成的观点，有哪些是具有实际意义的。

本书作为例证所列举到的学校，均由真心坦诚的教师所管理。这些教师具体制定了自认为基础性的教育原则，他们怀着拳拳之心，尽力将全身所学之精华奉献给孩子们。举国之内，越来越多的学校正努力确定自己的教育理念。本书的任务在于指出：实际的应用如何取自理论？当下的教育又该走向何方？笔者希望通过课堂实践的描述，能够帮助读者把一些理论化为鲜活的现实。另一方面,笔者也对某些理论作了论述,指出现代教育中的一些需求以及满足这些需求的途径。

为起到说明的作用,书中列举了一些学校,它们系随机选出,入选原因或者是因为我们对之已然熟悉,或者是因为学校的地理位置离我们较近。但是,它们并不代表学校今天为振兴和丰富儿童的学校生活而做出的全部努力。国内每个地方都可以找到具有相似特征的学校。本书限于篇幅,只得将一个极其重要的运动——重组乡村学校以及在教育中涉及农业知识——忍痛割爱。然而,这个运动正好显示了本书所描述的那些学校的标志性发展趋势,这就是让儿童获得更大自由的趋势,把儿童的学校生活与其环境和世界观统一起来的趋势,甚至更为重要的是,承认教育必须在民主社会发挥作用。看来,这些趋势恰恰反映了时代的特征,而且除了一个例外之外,反映了所有受访学校最显著的特征。

我们访问的这些学校的教师、校长都为我们提供了很大的帮助,并对我们的工作表现出浓厚的兴趣,若非如此则本书无法完成。他们把自己的时间和所教班级的材料交由我们支配,始终如一地帮助我们,为此,我们谨向他们致以最诚挚的谢意。我们特别要感谢费尔霍普的约翰逊(Johnson)夫人和印第安纳波利斯的乔治娅·亚历山大(Georgia Alexander)小姐,她们给我们提供了信息和建议。除了一个学校之外，对所有学校的访问系由杜威小姐完成，她还负责撰写本书描述性的章节部分。

约翰·杜威

第一章 作为自然生长的教育

"我们对儿童一无所知,因此带着错误的儿童观去从事教育,结果是偏离正道,越走越远。那些最聪慧的人致力于研究成年人应该知道什么,却从不考虑按照儿童的能力可以学到些什么。"这些话是卢梭的《爱弥儿》(*Émile*)一书中典型的语句。卢梭坚信,现行的教育很糟糕,因为家长和教师的脑子里始终想的是成年人积累的知识。同时他认为,一切改革都应围绕儿童的禀赋和弱点来进行,都应该立足于此。卢梭说过不少蠢话,也做过不少蠢事。但是,他坚决主张教育必须立足于受教育者与生俱来的能力,立足于学童的需求,以发现学童具有哪些禀赋。这个主张唱响了现代为促进教育进步而做的一切努力之基调。这就意味着,教育不是依靠外力把什么东西强加给儿童和青年,而是让人类与生俱来的各种能力得到生长[①]。卢梭的这个思想,激发了自他以来教育改革者们最为强调的各种思想。

首先应该关注职业教育工作者一向忘却的一个事实:在学校学到的东西充其量不过是教育的一小部分,而且是相对粗浅

[①] growth 在杜威的理论中一般译为"生长"。现引吴式颖 1999 年编写的《外国教育史教程》作为注解:"教育即生活、教育即生长、教育即经验的改造这三个命题……是杜威教育理论的总纲领。"(人民教育出版社,1999 年,第 513 页)"生长是一个生物学概念,但杜威对之做了改造,赋予其丰富的社会内涵,从文法上讲,'教育即生长'是不通的,生长是一个过程、一种结果或者理想,若言教育是为了促进生长,为了促进发展则无此语病。"(同上书,第 510 页)因此,本书在翻译中严格按杜威的原意,将"growth"以及他行文中有时为避免重复 growth 而用的替代词"development"译为"生长"。——译者

的那一部分；然而，在学校学到的东西却在社会上造成人为的差异，使人们相互隔离。结果，在比较学校所学与日常生活所学时，我们夸大了前者。不过，为了纠正这种夸大，我们的办法不是贬低学校的学习，而是研究日常事件进程所提供的广泛而更加有效的训练，从中获得启示，从而帮助我们找到学校最佳的教学方法。在从出生到入学之前的数年中，幼儿的学习进展迅速，且很稳定，因为此时的学习与由儿童自身能力所提供的动机紧密关联，与儿童所处的环境所决定的需求紧密关联。学习就是需求，最早看到这一点的正是卢梭。学习是自我保护和生长过程的 部分。因此，如果想知道教育怎样才算最成功，就让我们去研究儿童的学习经历，因为在儿童的学习经历中，学习是一种需求；我们不必去了解学校的实践，因为在学校里，学习多半是一种装饰，是一种可有可无的东西，甚至是一种强加的负担，儿童并不欢迎。

然而，学校总是背离这个原则去办教育。学校并不了解儿童在成长过程中有些什么需求，因此，把成年人积累的知识强加给儿童，但成年人的这些东西与儿童生长的迫切需求毫不相干。

一个成年人确实应该知道许多似乎对孩子毫无用处的东西。但是，成年人应该知道的一切事物，孩子就必须学习吗？他能够学会吗？如果你尽量教孩子学习在他那个年龄看来是有用的东西，你就会发现，他的时间是被充分利用了的。你为什么硬要让他去学习他的理性还不能理解的东西，同时却忽视适合于他目前学习的东西呢？但是，如果你要问，等到他需要用的时候，哪里还来得及学呢？我无法回答。不过，要提早教孩子学习是不可能的，因为我们真正的老师是经验和情感。成年人只有在他所处的情境中，才能清楚地了解哪些东西是适合于他的。一个小孩子知道自己肯定会长大成人；他对成人的状况可能具有的所有概念，对他来说就是教育的理由，但是，他所不能理解的地方，就决不应该让他知道。我这本书一直都在证明这个教育基本原则。

也许我们大家最严重和最常见的错误，便是忘了学习是应付种种现实情况的必要之举。我们甚至臆断大脑天生就反对学习，这就相当于假设消化器官反对食物，因此让其接受食物就只有两种办法：要么哄骗，要么强迫。有一种观点相信大脑是反对学习的，换句话说，大脑反对使用自己。现行的教学方法提供了大量支持这种观点的证据。我们没有看到，这种逆反实际上是对我们教学方法的谴责。它表明，我们所教授的内容是处于目前这个生长阶段的大脑并不需要的，或者说教学的方式掩盖了真正的需求。说明白一点，只有成年人才能够真正学会成年阶段所需要的东西。过早吸取成年人的营养会扑灭求知的欲望。相反，如果这种求知欲一直保持不衰，那么，一个成年人学会适合自身知识的可能性无疑会大得多。对此，我们既缺乏信念，又不乐意相信。我们对于成年人知道的东西始终感到担忧，又害怕儿童根本不学，所以等不到儿童出现知识的渴求或者实际的需要，就通过讲授的方式把这些东西强行灌输给他们。如果我们真正相信，关注当下的生长需求，就可以让儿童和教师都忙起来，就可以为未来所需要的知识提供力所能及的保障，那么，教育观念的转变可能很快就能实现，而且我们希望看到的其他变化也会实现。

难怪卢梭不断地宣传心甘情愿浪费时间的必要性：

> 最伟大、最重要、最有用的教育法则就是：不仅不要节省时间，而且还要浪费时间。如果婴儿从哺乳状态一下子就能成长到有理性的年龄，那么，当下的教育方式可能对他们是十分合适的；但是，儿童自然生长规律却要求我们采用截然相反的训练方式。

他又说：

> 我们目前的整个教育方法很残酷，为了遥远且不确定的未来而牺牲现在。我老远就听见这些假聪明者发出的叫嚣；他们不断让我们朝前走，他们从不考虑当下，总是不停地追求那愈追愈不可即的未来；他们硬要我们离开当下，走向我们永远也达不到的地方。

简而言之,倘若教育就是让习性和能力得到适宜的生长,那么,只有关注日复一日以特定方式生长的过程,才是确保成年人生活取得成就的唯一途径。成熟是各种能力缓慢生长的结果。成熟需要时间,拔苗助长不可能不造成伤害。童年的根本含义就在于它是一个生长的阶段、发育的阶段。因此,打着成人生活成就的旗号来鄙视童年的能力和需求便是一种自杀。所以

要尊重童年,不要急于对他们做事的好坏妄加评判。让大自然先教导很长的时期之后,你才去接替它的工作,以免你阻碍了大自然发挥作用。你说你了解时间的价值,所以不愿意浪费时间。可是你没有看到,由于误用时间而带来的损失,比在那段时间中毫无作为所带来的损失还要大,一个受了不良教育的孩子,远远不如没有受过任何教育的孩子聪明。你看见孩子无所事事地度过了童年岁月,就会感到惊奇!唉!难道说让他整天快快乐乐、整天跑跑跳跳是无所事事吗?孩子一生中再也不会这么忙碌了……要是一个人为了把一生的时间都拿来利用而不去睡觉,你会怎么看待他?

尊重童年等于尊重生长的需求和机会。我们的悲剧性错误就在于过于担心成长的结果,以至于忽视了成长的过程。

大自然希望儿童在成人以前就要像儿童的样子。如果我们打乱了这个次序，就会造成一些早熟的果实。这种果实长得既不丰满也不甜美，而且很快就会腐烂……儿童有他特有的思维方式、认识方式和情感方式。

生理的成长并不等同于心理的成长，但两者在时间上同步发生，在正常情况下，没有生理的成长就不可能有心理的成长。要尊重童年，第一条具体的法则，就是要确保身体健康发育。恰当的心理发育具有内在的价值，是有效行动和快乐的源泉，除此之外，恰当的心理发育直接依赖于肌肉和感官的恰当运用。如果要与知识的材料建立关系，就必须调动功能器官和接收器官。儿童的首要任务就是自我保护，但这并不是指仅仅让自己活着，而是指把自己作为一个生长发育中的生命保护起来。因此，儿童的活动并不像成年人想的那样漫无目的，它是儿童认识世界的方式，也是儿童了解自身能力的用途及其限度的方式。对成年人而言，儿童一刻不停的活动似乎毫无意义，这是因为成年人对周遭的世界已经习以为常，并不觉得需要不断尝试。可是，成年人因儿童不停的运动而感到烦躁，便竭力让孩子安静下来，这既阻碍了儿童的快乐和健康，又切断了儿童获取真正知识的主要途径。许多调查者发现，健康的生理状态如何变成了心理正常发育的消极条件；不过，卢梭对我们现在的心理学早已作了预言，他甚至预见到感觉和运动器官的作

（1）大自然希望儿童在成人以前就要像儿童的样子
（2）教会儿童什么是对他有用的（纽约市师范学院）

用对智力发展产生积极影响的程度。

　　如果你遵循与传统做法相反的规则，如果你不让你的学生舍近求远，不使他游荡在遥远的地方、陌生的国度、幽远的世纪、世界的尽头、九霄之外，而是使他保持本真，使他注意同他有直接关系的事，那么，他是能够进行感觉、记忆，甚至推理的，这是成长的自然次序。一旦有感知能力的婴儿长成一个活跃的个体，他就可以获得与他的体力同步增长的辨别能力。只有在自我保存所需要的体力以外还有多余的体力时，才适于把这种可以做其他用途的体力用来发展思辨能力。所以，如果你想培养你学生的智力，就应当先培养他的智力所支配的体力。只有不断地锻炼他的身体，使他健壮起来，才能使他变得优秀、变得聪慧。让他干活，让他做事，让他跑，让他喊，让他不停地活动……有些人想象身体的锻炼有害于思想的运用，仿佛这两种活动不应该齐头并进，仿佛两者不能互为指导，这是一个可悲的错误。

　　各种身体活动有利于健康及脑力的增长，而且这些活动相互增强。在下面的段落里，卢梭更加具体地阐述了这种增强脑力的方式。

通过锻炼身体,我们学会了使用我们的体力,知道了我们的身体与周遭物体之间的关系,学会了怎样运用那些适合于我们器官的自然工具……18 岁时,我们才知道杠杆的用途;可是每个 12 岁的农村男孩用起杠杆来却比科学院最聪明的机械师还熟练。小学生在校园里相互学到的知识要比在课堂上学到的强百倍。我们来看一看一只猫第一次进入屋子时的情形:它从一个地方走到另一个地方,这里嗅嗅,那里看看,一刻也停不下来。一个初学走路的孩子,第一次进入周围世界的时候也是这个样子。虽然两者都同样用视觉探查,但孩子还使用了自己的手,而猫则用嗅觉。

由于人最初的自然冲动是去观察周围的环境,是去发现他所看到的每一个物体中有哪些可以同他有关系,所以,他最初的学习就是一种用来保持其生存的实验物理学。可是,他还没有弄清楚自己在这个世界中的位置,你就不要他研究这种实验物理学而去研究理论了。当他娇嫩而灵活的四肢和灵敏的感官还能够自行适应所接触的物体时,现在①正好趁此机会锻炼感官和四肢的适当职能——趁此机会了解它们与事物之间的关系。我们最早

---

① 原文遗漏,经核查《爱弥儿》英文版,补遗 now。——译者

的自然科学①老师就是我们的眼、手、脚。用书本来取代它们，那就不是在教我们进行推理；而是在教我们运用别人的推理，而不是运用自己的推理；在教我们轻信，而不是自己去学习。

欲攻一艺，必先有工具；欲善用工具，须把工具做得牢实耐用。欲学思考，必先锻炼四肢、感官、身体器官，因为它们是我们心智的工具。欲善用心智这些工具，则必须让提供这些工具的身体保持强壮和健康。因此，人类真正的理性不仅不是独立于身体而形成的，而是有了良好的体格才能使人的思想敏锐和正确。

这段引文说明，卢梭距离那种把身体发育作为身体存在之全部目的的观点有多远。这段引文还表明，卢梭关于感官与知识之关系的思想，使他大大超越了他那个时代的心理学。当时的观点（甚至在我们这个时代也十分盛行）认为，感官相当于某种门径和通道，印象即通过它们来建构关于世界的知识图像。但是，卢梭认为，感官是功能装置的一部分，为了适应环境，我们通过这个装置来调整自己，感官并不是被动的容器，相反，感官与运动性活动直接关联——与手和腿的运用直接关联。在

---

① 原文为 natural philosophy，过去的用法，指自然科学，特别是物理学。此处遵照过去的含义，译为自然科学，而没有望文生义地译为自然哲学。——译者

这方面,卢梭比他的有些后继者更具先见之明,他强调感官与物体接触的重要性;可他的继承者们却仅仅把感官看成是对象信息的提供者,而不是人用来调整自己以适应周围世界的工具。

因此,尽管卢梭对感官作了大量的研究,并推荐了许多锻炼感官的游戏,但是他绝对没有把单纯的感官锻炼当作目标本身。他说道:

> 要锻炼感官,不要仅仅使用感官。我们必须通过感官来学习正确的判断——因为我们只有经过学习,才会懂得该怎样去摸、怎样去看和怎样去听。有一些感官的运用纯粹是机械的,可以用来强健体质,但却不能提高判断力。例如,游泳、跑步、跳跃、抽陀螺、扔石子都非常好。除了手臂和腿之外,我们还有眼睛和耳朵,这些器官对于学习运用其他感官是必不可少的。所以不能只锻炼体力,而应锻炼指导体力的所有感官。要使每一种感官都各尽其用,要用其他的感官去检验某一感官的效果。要学会测量、计数、称重、比较。只有在估算过以后才使用我们的力气;在任何时候都要先估计一下效果,然后才决定采用什么方法。要教育孩子在使用体力时,不要过分,也不要不足。如果你使他养成习惯,预想一下自己做事的后果,并且根据他自己的经验纠正错误,那么,他活动越多,就变得越聪明。

引导儿童自然生长的教学法与把成人的成就强加给儿童的教学法之间，还有一个截然不同之处，应该引起我们的注意。后者十分注重用符号形式来积累信息，因而强调的是知识的数量，而不是知识的质量；要求展现的是结果，而不是个人的态度和方法。但是，自然生长强调个人必须亲身认识为数不多的典型情境，以便掌握解决实际问题的方法，而不强调积累信息。正如卢梭指出，捷径是我们取之不尽的幻象之源，正是利用这个捷径，儿童变成了我们的错误方法的受害者。我们明白——或者以为自己明白——自己说的话是什么意思，所以当孩子使用了恰当形式的词语，我们便认为他的理解跟我们是一样的。"从表面看，孩子们学习时很容易，而这种表面的容易，把他们给毁了。我们没有看到，这种容易本身就证明了他们什么也没有学到。他们的光滑的小脑袋像一面镜子似的把我们展现给他们看的东西都反射出来。"卢梭用一句话描述了教授事物——而非引导学生自己认识事物本身关系——的缺陷："你以为你教给他的是世界的面貌，其实，他只是在学看地图。"把教地理的这个例子推演到整个知识王国，你就抓住了我们从小学到大学大部分教学的本质。

　　卢梭说下面这句话时，他脑子里想的却是截然相反的方法："在通向科学的众多捷径之中，我们迫切需要一种教给我们有一定难度的学习的艺术。"当然，他的想法不是为了难度而增加难度，而是为了避免由于运用重复刻板的学习方式出现的假

要学习思考，我们必须锻炼自己的四肢（芝加哥弗朗西斯·帕克学校）

学习，为了用缓慢却可靠的个人发现的过程来替代假学习。教科书和教师授课，教给我们的是他人发现的结果，因此似乎给我们提供了一条通向知识的捷径；但这个结果只是对符号毫无意义的反射，对事实本身却没有理解。这种方法进一步的后果就是造成思想混乱，因为学生失去了思想上原本脚踏实地的感觉，他的真实感遭到了破坏。"由于小学生所学的第一个无意义的词语，第一件事情，都是照别人的话去理解，而自己根本就不明白其中的意义，所以才丧失了他的判断力。"他又说："既然所有的思考你都替他做了，你还让他思考什么呢？"（千万别忘了我们的教科书和一成不变的课程里井井有条的内容代表了别人的思考。）"你让他把理性用于那些看似对他最没有用处的事物，结果使他不再信任自己（所拥有的理性）。"

假定在卢梭的时代，作为学习目标的信息和知识果真"深不可测而又浩如烟海"，那么，我们算一算卢梭之后科学知识量的增加，便可以十分肯定地说，教育只等同于积累知识这个观点是很可笑的。我们经常听到这样的批评，说现在的教育仅仅用蜻蜓点水、浮光掠影的方式把浩瀚而庞杂的学科教给学生。这种批评言之有理。不过，理想的补救办法不是退回过去，不是仅仅机械地教学生"三要素"那点可怜的内容，而是要放弃将整个知识领域化整为零、分入各科的那种狂热的想法，转而"就一个题目充分论述"。我们必须用更好的理想去取代这种有害无益的教育目标。这个理想就是采用一种可以使学生掌握学习工具的方法，一种能给学生提供情境并能激发学生的求知欲的方法，对为数不多但事例典型的经验进行周到细致的讨论。按传统的教学方法，学生学到的是地图而不是世界，即学到的是符号，而不是事实。学生真正需要的不是关于地貌的准确信息，而是自己去寻找信息的方法。"在这里已经看得出你的学生的知识与我的学生的无知之间的差别了！你的学生学的是地图；而我的学生则能画地图。"在学校学习知识的真正目的不是知识本身，而是发现如何获取所需知识的方法。

第二章　作为自然生长教育的实验

卢梭关于教育即自然生长过程的学说影响了他之后的大多数教育理论，但对学校教育的实际内容却影响不大。不过，偶尔会有一些实验者按照卢梭的原则来制订计划。这些实验中，有一个是由亚拉巴马州费尔霍普的约翰逊（Johnson）夫人做的。过去几年来，专家和学习者纷纷去这个地方取经，约翰逊夫人的模式影响之大，乃至于美国各地都开办了类似的学校。约翰逊夫人在康涅狄格州的格林威治开设暑期教师培训课程，按照她的理念提供颇具操作性的实例训练。在格林威治就有一所儿童学校是这种实验的典范。

约翰逊夫人的基本原则主要出自卢梭的根本理念，比如儿童只有在童年体验了对于他作为儿童有意义的东西，才可能为今后成年人的生活做好最佳的准备。又如，儿童有权享受自己的童年。儿童是一个处于成长过程的动物，应该得到最为充分的发育，以便成功地生活在成人的世界；不能用任何方式来阻碍他的生长，应该尽一切可能去促进儿童身心充分、自由的发展。这两种发展同时进行，而且是不可分割的两个过程，因此，我们必须时刻记住这两者是同等重要的。

约翰逊夫人批评了现在的传统学校。她说，传统学校教育的一切安排都是为了方便教师易于行事，而教师期望的是迅速获得看得见、摸得着的结果；这样的教育，并不顾及学生是否会得到充分的发展。传统学校按照温室的灾难性计划来安排教学，不是去培养全面的生长，而是强迫学生变得中看不中用。

传统学校未能培养一种能够经受磨难和开展创造性活动的个性，不尊重儿童当下的需求，也不尊重这样一个事实，即儿童时时刻刻都在完整地体验着生活，并非要等到年长者为他划定的某个时期才开始生活，等到那个时候，学校又变成了过去的事情。因为这样的错误，儿童自然而然地就对上学感到索然无趣。大自然并没有要这个幼小的动物去适应狭窄的课桌、排得满满的课程，去默默地吸收复杂的事实。儿童的生命和生长取决于运动，但学校却强迫他一连数小时待在一个狭窄的空间，好让教师确信他在听讲或者读书。虽然允许孩子短暂活动身体，但那也是为了诱使他在余下的时间里保持安静，而且这种休息并不能补偿他必须付出的努力。儿童渴望活动身心。一如生理的成长必须与心理的成长同时发生，儿童的不同行为也应该相互兼顾。儿童的身体的运动与心理的觉醒相互依赖，相辅相成。

约翰逊夫人说，只讲原则而不到实践中去求证，这是不够的。营养良好、身体活跃的儿童是最急于做事和求知的。学校每个小时都安排身体锻炼，才能满足活动的需求。必须允许儿童在学习和玩耍的时候都可以活动身体，允许他模仿，允许他自己去发现。儿童周围的东西，即便对于 6 岁的孩子，都是未曾探究过的世界。随着他的活动把他的探究越来越引向深入，对于他小小的视野而言，这个世界不断扩大；而且，无论对于他还是成年人，这都绝非是一个平平常常的世界。因此，应该让儿童在肌肉不强健、心理较脆弱的阶段，自己去观察这个充满自然和非自然事物的世界，这个世界就是他的知识来源。

普通学校并没有为生长和发现提供机会，而是把儿童强压进一个狭小的区域里，让儿童有一种不情愿的安静，有一种强加的身心态度，直到他的好奇心被磨灭，以至于一旦碰到陌生的事情，便只剩下惊讶的表情。不久，他的身体就会对学习任务感到疲倦，他于是开始寻找种种办法来躲避老师，逃离他的小牢房。这意味着他变得烦躁，缺乏耐心。用学校的话来说，儿童对派给他的小小任务失去了兴趣，因此对一刻钟之前还如此诱人的新世界也失去了兴趣。还没有等他真正开始踏上通往知识的道路，这种漠然的恶疾便已侵入了他敏感的心灵。

办学校的理由是让孩子们聚集在一起学习，其目的就在于必须让他们学会与别人一块工作。约翰逊夫人承认这一点，并努力寻找到一个让个体的发展得到最大自由的途径。幼儿由于肌肉无力，官能也不成熟，不适宜接受艰苦的任务，比如坐下来做一些特别精细的工作。因此，他的学校生活不应以读写作为开端，也不应以学习摆弄细小的玩具或者工具作为开端。他必须继续其在家中就已开始的自然课程，比如从一个有趣的物体跑到另一个有趣的物体，探究这些物体的意义，最重要的是探究不同物体之间的关系。所有这些必须大范围地展开，以便他掌握明显事实的名字和意义，而这些事实将按照自己的顺序出现。这样，费解的和难度大的事实一个一个地显露出来，而不是由教师强迫儿童去注意它们。一个发现引向又一个发现，追求的兴趣引导儿童主动地去进行探究，这样的探究常常等同于严格的知识训练。

　　循着这条自然生长的道路，依靠求知欲的引导，孩子进入了读、写、算、地理等。约翰逊夫人说，由于认识到儿童的需求，我们必须等待儿童自身燃起求知的欲望，然后及时提供满足这种求知欲的手段。因此，儿童学习阅读的年龄应该往后推延，等儿童体验了事物之间较为广泛的关系并牢固掌握有关知识之后再学习阅读。约翰逊夫人甚至不让儿童在太早的年龄学习阅读。她认为，到八九岁时，儿童便渴望探究书本，恰如在此之前，他们渴望探究事物一般。这个时候，他们会认识到自己需要书本上的知识，并渴望运用知识；因为他们发现，这种知识只能从书本上获取，别处无法找寻。所以，真正学习阅读不是一个问题，儿童自己会自学。他们受到兴趣的刺激，渴望找到某个特定科目的知识，由此可以做到轻松而又快速地阅读。阅读对于他们而言，并不是一种孤立的练习，而是一种到达渴求目标的手段。这就跟爬上货架一样，如果心思放到了满足精神食欲上，也就看不见困难与危险了。

　　教给儿童的每一个课程，都应当满足他们对事物关系知识的强烈需求；而且，这样的知识，他不能从对物体的研究中直接获取。数字所代表的算术和抽象概念，对于一个 6 岁的儿童是毫无意义的，可是作为他游戏或者日常使用的一部分，数字却充满了意义；而且，他很快就会发现，数字的意义很大，不了解数字便无法玩游戏。

约翰逊夫人在与公立学校条件相当的地方进行实验,她相信自己的方法对任何公立学校系统都是可行的。她基本上不收学费,任何儿童都可以进来。由于她遵循了儿童自然生长的规律,所以把自己的教育方法称为"有机的"。学校的目标是为儿童提供每一个发展阶段所必须的活动。因此,她坚持,决定学生分班的因素应该是综合发展,而不是获取知识的数量。学生的分组是依照儿童的年龄组合来进行的。所分的班组叫做"生活班"而不叫做年级。生活 1 班在八九岁之间结束,生活 2 班在十一二岁之间。由于青春期青少年的兴趣口味会出现更加显著的变化,还单独开设了中学班。各组的功课安排,旨在给学生提供他那个年龄阶段的身体、大脑和精神所需要的体验。

在费尔霍普学校的课程里面,基本上没有强迫的事情、布置的功课和通常的考试。所以,孩子们不厌恶学习,没有对教师或者课本表示出不信任;然而,不幸的是,这些在普通学校的学生中间却普遍存在。学生出于自己的学习本能,丝毫没有那种因为被迫把心思放在考试和升级之上而产生的自我意识。

聪慧的儿童常常对教室以及教室里的一切感到厌恶。这种厌恶是他们永远也摆脱不掉的,以后会阻碍他们的成长,甚至妨碍他们去认真对待大学的学习,使他们怀疑一切不是根据自己的课外体验而推导出来的东西。也许他们变得太驯服,以至于默许一切权威的言论,从而放弃自己的真实感受。我们告诉儿童，书本是世界的仓库，里面放的都是过去的遗产；如果没有这些遗产，我们就会变成野蛮人，所以我们必须教授给他们。可是，教出来的结果却让他们憎恶书本知识，怀疑老师的话。无能是一种普遍现象，其原因并不是因为人们小时候学得不够，而是因为他们不能也不会运用所学的东西。这是由于儿童小时候对学校以及与学校有关联的知识不信任的缘故，这种影响之大，怎么强调都不过分。

费尔霍普学校的学生永远不用与这种阻碍作斗争。他们都很快乐，而且总是欢天喜地地表示"热爱"学校。对于整个小组而言，学习是有趣的，而且没有任何一个孩子被迫去完成自己不喜欢的事情。每个学生只要不影响别人，可以做自己喜欢的事情。但是，孩子们并不是没有纪律的约束。只要上学，他们就必须参加活动，而且要学会不打搅同伴，还要在同伴需要的时候提供帮助。儿童不能以任性或者懒惰为借口而不遵守健康有用的学校制度。

约翰逊夫人感到，儿童在早期并不知道什么是道德的和不道德的。他们完全缺乏道德的观念，他们的是非感尚未萌发出来，因此应该给他们足够多的自由。禁令和命令往往是没有用的，因为无论禁令和命令是针对自己还是同伴，儿童并不理解其后果，结果只能让孩子变得偷偷摸摸，学会撒谎。为儿童提供大量健康的活动吧！该处罚的时候，不要借助于他不明白的观念；如果必要，可以通过让他感觉有一点儿疼痛的方式来向他表明，他对玩伴的淘气行为对他意味着什么。如果他想与家人和朋友分享好玩的和有益的东西，就必须通过行为让他们愿意与他玩。幼儿能够理解这种动机，因为他知道朋友何时对他好、何时对他不好。与基于道德的训练相比，这种训练计划不大可能强迫儿童逃避责任或者隐瞒错误，不大可能强迫儿童撒谎或者过分在意自己的行为，但在儿童看来，基于道德的训练只不过是一种强迫他做事的借口，其原因很简单：某个成年人希望如此。

快乐学习的积极收获，就是需要自我意识。约翰逊夫人的训练计划为让学生热爱学校、热爱学习作出了贡献；而热爱学校、热爱学习，正是全部教学致力于培养的品质。如果学习有趣，就没有必要用毫无意义的限制和琐碎的禁令来妨碍儿童做事。出于自愿，儿童会把学习和天性使然的事情联系起来。这无疑具有积极的道德价值，有助于培养一种自信乐观的工作态度，培养一种面对任务而不感到厌恶或者反感的能力，所以在性格塑造方面，比干苦活、难活或者强迫听讲和强迫服从等方式更具有实际的价值。

分成年龄组或者"生活班"的做法避免了过分强调学生的失败和缺点，但在以学生知识水平为分级依据的学校里面，这种过分强调学生的失败和缺点的做法是很明显的。不能让智力迟缓的儿童有耻辱感。不要把注意力引向他，不要刺激和责备他，或者让他"不及格"。由于没有意识到自己的弱点，他不断得到道德鼓励来支撑他的自信，他的手工作业和体育成绩常常为他带来名声，使他成为同学中的名人。约翰逊夫人坚信，普通学校里的死记硬背和考试，不过是把教师的工作变得更加容易的手段；对儿童而言，由于评分等级而意识到自己"知道"什么或者不"知道"什么，这是有害的，正如强调儿童的失败是有害的一样。

费尔霍普学校的课堂练习与死记硬背之间的反差尤其明显。在死记硬背的学校里，儿童一动不动地坐着，合上课本，经受老师提问的煎熬。教师提问是为了了解应该由学生单独"温习"的课程记住了多少。用卢梭的话来说：

> 他（教师）会特意证明他没有浪费时间；他把一套易于表现的本领教给他的学生，随时都可以拿出来夸耀于人……如果考核孩子时，老师就叫他把那些货物展示出来，炫耀一番，满足那些看货的人，然后他把他的东西收拾起来一走了之。问题问得太多了，我们大多数人都要感到厌烦的，尤其是小孩子更感到厌烦。几分钟之后，他们的注意力就分散了，他们不再愿意听你那些无休无止的提问，转而胡乱地回答一通。

孩子们在费尔霍普学校学习，教师的作用是帮助他们认知，而不是要他们交还已经记住的东西。考试常常是开卷的，因为考试的目的不是为了向老师展示儿童能记住多少，而是为

（1）每天在"体操馆"运动 1 小时

（2）沟壑是大家喜爱的教材（亚拉巴马州费尔霍普）

了发现他在使用书本的能力方面有何进步。没有给学生布置功课，但每个学生的手里都拿着打开的书本；他们与老师一起讨论课文，尽可能从中获取欢乐和知识。这刺激了学生对书本真正的热爱，结果根本不用给学生布置功课，课后他们会自愿地学习课文。他们不会受到诱惑去作弊，因为他们用不着炫耀自己。

这种训练和学习的体系超越了满足于"三要素"的学习，从对心智与道德的自我意识中解放出来，培养了儿童把与生俱来的进取心和热情投入学习的能力，锻炼了他满足自己天生的求知欲的能力，因此使他保持了生活的乐趣与自信，释放了所有的学习能量。结果他喜欢上学，而且忘记自己正在"学习"。因为学习只是作为体验的一种副产品而悄然出现，而他认为这些体验本身才有价值。

费尔霍普学校设计了下列活动以取代通常的课程：锻炼身体、观察自然、音乐、手工、野外地理、讲故事、感觉培养（sense culture）、数的基本概念、戏剧表演、游戏。2班增加地图制作、描述性地理学，要求阅读，数字课改为数字知识。每门课都安排具体的体验，有明确的目标，要让儿童喜欢，能满足其欲望。由于强调遵循儿童的生长规律，所以不出所料，每天学习的重要部分都是锻炼身体。每天上学的时间都有锻炼身体的科目，通常安排在上午的一二节课，因为这个时间儿童精力充沛。在1小时的时间内，课安排在室外上，即在孩子们称之为"体操馆"的草地里上。横杠、竖杆、跳马等分散在四处,有老师帮助他们进行身体锻炼,并确保活动的安全;但是,这里并不存在按照公认的词义去理解的正规体操训练。约翰逊夫人认为,学生的反感足以成为拿掉正规体操训练的理由;而且,由于生长发育中的儿童不断按照自己的意愿去寻找伸展四肢和锻炼肌肉的机会,学校只需提供这样的机会,并注意不让学生玩得过头而伤害自己。孩子们自然分组,有些要荡秋千、玩吊环,有些要爬高、跳跃,或者跑动、扔东西等。跑步一般以比赛的方式进行。一棵树被当作扔石头竞赛的靶子。孩子们自己也发明在器械上用的项目。"体操馆"里所度过的这一个小时,是一天中最繁忙的时间。由于这堂课的目的不是让某块肌肉过分疲劳,也不是让学生按照别人的命令枯燥地重复毫无意义的动作,所以使学生受到刺激,急于去做脑力作业。除了这个常规锻炼的时间以外,孩子们还可以在户外学习,许多课就是安排在露天上的。室内上的课有游戏、手工、戏剧表演,这些对儿童的身体健康都有好处。教室里面没有限制活动的课桌,学生只要愿意,在哪里坐、怎样坐都行,甚至还可以在不打搅同学的情况下,从一个地方挪动到另一个地方。上课是在一间教室里进行的,共有两组,每一组有 15 个或者 15 个以上的儿童,学生保持必要的安静和秩序。

观察自然课和野外地理课几乎都在户外进行。孩子们到野外去,到树林里去,看树木花草,提相关问题,观察树皮之间、树叶之间、花朵之间的差异,然后相互说一说自己的观点,用书本来回答树木和植物留给他们的问题。他们通过采集花朵来学习辨别雌蕊、雄蕊和花瓣等词的意思,或者观察蜜蜂在植物之间搬运花粉。老师鼓励学生向全班讲述自己在家里所学的东西,鼓励学生从自家的花园里摘下花朵带到学校,或者讲述自己见过的事物。全班学生还参观学校隔壁的商品蔬菜农场,尽量辨认各种蔬菜,了解新品种的名称和特性。回到教室后,会写的同学把能够记住的所有蔬菜名称列出一个清单,这样把自然课和写作课结合起来了。学校有一个园子,学生在里面学习犁地、耙土、栽种,观察种子的发芽、生长、开花。在属于他们自己的一小块地里,他们可以观察植物生命周期的所有阶段。此外,由于他们做的一项工作需要持续几个月,需要他们动脑子、付出关爱,所以他们从中也受到了道德训练,而且获益匪浅。这一类活动占据了年龄最小的儿童的大部分课程,因为这类活动似乎特别属于儿童的世界,属于明显的具体物体的世界;这些物体就在他们的周围,每天都能看见,可以摆弄,可以用来游戏,而且还能唤起他们的好奇心。

野外地理课的方式大致相同。即便是年龄最小的儿童,通过直接观察,也非常熟悉岩石形成的不同类别,熟悉风雨和河流的作用。如果有教科书,也要等他们直接观察之后再使用,目的是解释或者补充说明学生以前见过的事物。学校周围的土壤是泥土,雨后形成的小溪流为解释河流、侵蚀、流域、洪水或者变化中的水流等提供了最生动的事例。为了讲解潮汐或者湾流，去一趟海湾非常重要。学校校舍附近的沟壑不仅是玩耍的绝佳去处，而且可以当作教科书，用来了解山脉、峡谷、土壤和岩石的形成。所有这些都为以后开设描述性地理科目打下了良好的基础，并且提供了充分的实例。更高一级的地理科目主要是经济地理，学生们掌握上述科学背景之后，就更容易理解气候与农作物、工业、进出口、社会条件之间关系的真正意义。

费尔霍普学校特别强调手工课的价值，如同重视身体的生长一样。幼儿身体的发育如果要达到健康与效率的最高标准，必须学习用越来越多的技巧来协调肌肉的运动；而要做到这一点，做什么也比不过双手在制作物件时做出的那种有控制的、相当细微的动作。儿童制作物件这个过程，本身就为他提供了保持工作状态所需要的刺激，提供了不断付出脑力、手工、目力所需的刺激，也让他具有活动过程中的真实控制感。从效用方面看，手工的益处同样是巨大的。儿童学习如何使用生活中的普通工具，如剪刀、小刀、针、刨、锯等，也欣赏了艺术家的工具——颜料、黏土，这样的欣赏会伴他终身。如果他是一个具有创造精神和发明天赋的儿童，他会为自己的能量找到自然而愉快的宣泄途径。如果他喜欢梦想或者是不能脚踏实地做事的那种人，那么，他学会了尊重体力劳动并有所收获，从而朝着多重人格方面发展。男孩与女孩一样，要学做烹饪和木工活。

这项工作的目的不是要训练他们为某个职业做准备,而是要把他们培养成为社会中能干、快乐的一员。只要目的明确,或者与能够保持学生兴趣的其他活动有足够的联系,绘画或者泥塑活与木工或者缝纫活对于儿童产生的作用同样是很大的。儿童对审美还没有意识,因此,如果要使审美成为他们生活中一种真正的力量,必须让他们触摸日常的物体,从而培养对美的感觉。因此,"艺术"是作为手工、讲故事、戏剧表演或者观察自然的一部分来教授的。在泥塑、绘画、编纸垫、制作纸玩具或者木玩具等过程中,即便是班上最小的儿童,也要求他尽可能表现自己想制作什么东西。随着技巧的掌握,物件的制作难度越来越大,9至10岁的儿童可以用酒椰编织篮子、制作小船和玩具娃娃的家具。

讲故事和戏剧表演之间有着密切的关系,而且(到10岁左右时)取代了传统的啃书本的做法。老师给学生讲故事或者朗读故事,故事要有文学价值,题材要适合学生年龄,然后让学生把在校外听到的故事讲给大家听。9至10岁之后,儿童已学会阅读,让他们默读或者给大家朗读书上的故事,然后全班展开讨论。希腊神话《伊利亚特》(*Iliad*)和《奥德赛》(*Odyssey*)①是这个年龄的最爱,因此经常看到这样的情形:无

---

① 《奥德赛》,古希腊诗史,相传为荷马所作,描写奥德修斯于特洛伊城攻陷后回家途中10年流浪的种种经历;又译《奥德修斯记》。——译者

须老师的指导，全班就能够表演一个完整的故事，比如《特洛伊城的陷落》(*Fall of Troy*)或任何特别能够唤起他们戏剧想象力的故事。学校认为，要让儿童热爱文学，学会欣赏文学，而不是仅仅学习书本中的生词和修辞法，这才是他们接近文学的真正途径。学生到 8 至 9 岁才允许使用书本，因为只有到这个时候，他们才迫切地认识到自己的需要，因此会希望获得学习上的帮助。学校废除了 6 岁儿童必须做的那种冗长、讨厌的机械练习。每个孩子都急于想读某一本书，因此没有或者很少有必要用机械练习来拴住他的注意力，或者坚持无休无止的重复练习。约翰逊夫人还相信，如果尽可能地推迟学习写作和算术，则更加有利于儿童身心的自然发展。等学生意识到自己真正需要写和算，意识到写和算会给自己的日常生活带来帮助的时候再去学习。他们通过手工课所学到的关于事物的知识背景及其技巧，把学习的实际过程变得相对简单。约翰逊夫人确信，在她的学校里，10 岁以后才学习读写的儿童，到 14 岁学习写作拼写时与开设传统课程学校里的 14 岁学生的水平是一样的。

数的基本概念是口头教授的。年龄最小的儿童开始时相互数数或者数周围的东西，然后让他们在黑板上把一条线一分为二、一分为三、一分为四，接下来让他们用物体或者黑板上的线条开始加减，拿掉四分之三，甚至使用除法。这类活动的口头练习连续不断，等孩子们对算术的基本过程完全熟悉之后，开始写个位数，或者了解加法和乘法符号的意义。大约 9 岁时,开始写数,并用常规的符号来重复练习,而不用线条或者物体。学校发现,通过这种方法,学生不再出现常见的那种痛苦挣扎,尤其是在学习分数及其运算时的痛苦挣扎。比较长的除法及其复杂的运算过程,要等到学生书写熟练之后才教授;对算术公式的分析,也要等到重复练习使学生熟悉并熟练掌握运算过程之后才可进行。老师发明各种游戏和竞赛,以便把练习变得更加有趣。

感觉培养是指对儿童的身体和肌肉进行具体的训练,以便使他们对欲望作出准确的反应,从而完成明确的肌肉或者其他感觉动作,或者用术语来说,就是运动的协调感。除了手工和体育锻炼所提供的一般训练之外,老师还安排特殊的游戏来锻炼不同的官能;这种官能锻炼操,年龄最小的班相对做得最多。全班坐下来,身体一动不动,保持绝对安静。一个学生踮着脚尖,从座位上走到教室的任何地方;与此同时,让其他同学都闭上眼睛,说出他在哪儿;或者一个学生说什么,让别的同学通过声音来猜说话的是谁。为了训练触觉,让一个孩子用布把眼睛蒙起来,然后给他一些平常的物件,要求他通过触摸——辨认。学校还发明了所有学生都十分喜欢的游戏,其中有一个游戏专门训练肌肉的准确性,让不同年龄的儿童分成若干小组,朝院中的一棵大树扔石子。这个游戏的竞争最激烈,它主要教会眼手的合作,又锻炼了全身。费尔霍普学校的学生身体控制能力异乎寻常,这在木工车间得到了最好的体现。在那里,即便年龄最小的孩子，也能正确地使用工具干活，能够使用锤子、锯子、刨子，但又不会把自己弄伤。木工车间有一架脚控线锯，有一个7岁的儿童，看样子个头太小，踩不到踏板；可他手里把住一块木头，在线锯上翻转成形，没有伤了自己。看到这个场面，真是一种教益。

与普通公立学校的学生相比，费尔霍普学校的学生更加优秀。不论因为何种原因发生变化，他们总能与相同年龄的儿童一块活动，而且无须额外作出努力。他们的身体更健壮，动手能力强得多，对书本和学习怀有一种真正的热爱；同时，单纯就活动的修养而言，他们同样也很强。系统的课程内容已经完全设计出来，而且在最小的孩子身上运用了很长时间，但约翰逊夫人确信，她的教育原理同样可以很好地适应于中学的学生，并已着手对中学生进行实验。在她的指导下，学校取得了明显的成功。如果有更多的时间，无疑将会改正任何学校在实验阶段必然会出现的各种问题。学校为各小组学生健康自然的生长提供了条件，对于一个教师（作为组长，而不是作为讲授者）来说，小组分得够小以便了解每一个孩子的缺点，并按照个体的需求来调整活动。业已证明，儿童在学校完全可以像放学后在自己喜欢的家里一样，过一种自然的生活；可以在学校获得身体、心智和道德的进步，而不用借助人为的压力、奖赏、考试、升留级。同时，他们学会了对传统的学习工具和书本学习——读、写、算——的必要控制，能够独立地加以运用。

第三章 自然生长的四个因素

梅里安①教授指导下的密苏里大学附属小学（The Elementary School of the University of Missouri）位于哥伦比亚，它和约翰逊夫人的费尔霍普学校具有许多共同点。在基本的观念上，两校是相同的，即教育要遵循儿童的自然生长规律，但其组织运作方式却不同，因此有必要对之作一番描述。与大多数教育改革者一样，梅里安教授认为，过去的学校过分关注于把成人的事实教给儿童。由于要达到系统化和标准化，课程忽视了儿童个体的需求。他认为，学校的学习和游戏应该围绕儿童展开，儿童应该享受学校的教育。学校的生活应该跟校外的儿童生活一样愉快，甚至更加愉快。之所以说更加愉快，是因为他们得到了教师的帮助，学会如何正确地游戏和学习，学会与别的儿童一起活动玩耍。

儿童记得自己是如何学会说话的吗？他们肯定不记得了，可他们的父母替他们记住了。然而绝大多数人，包括孩子和大人，却不会忘记我们在学校学习读写时是如何痛苦挣扎的。我们之所以学会说话，是因为我们需要说话，或者有话要说。我们想要喝水，于是学会说："妈妈，请

---

① 朱尼厄斯·L·梅里安（Junius L. Meriam，1872—1960），美国富有革新精神的教育家，主张以启发小学生自然兴趣的方法来教他们读、写、算。他对小学教育的研究成果，使他成为第一流的美国教育家。其主要著作有《师范学校教育和教学效率》《儿童生活和课程》等。——译者

给我一杯水。"我们并没有在每天上午9点练习这句话。密大附小的学生只有在需要时才学习读、写、画和其他的东西。学生在附小做的事与他们在家里做的差不多,但学得更好。他们一边学习,一边玩耍。在家的时候,大部分时间里,他们做事都非常活跃,在学校也一样。

如果没有学校的话,这些孩子在自然状态下做些什么呢?梅里安教授的课程便基于对这个问题的回答。他的课程只有一个科目出现在普通课程计划上,即手工。他说,学生在户外游戏,又是跑,又是跳,还扔石头,锻炼了身体;他们分为几组,聚到一块说话,讨论自己看见或者听见的事。他们会自制玩的东西,如小船、豆子袋①、玩具娃娃、吊床或者衣服。如果他们住在乡下,就会观察动物或者植物,整理花园,或者试着钓鱼。大家都承认,这样的活动对促进儿童发育所发挥的作用,与学校学到的东西对促进儿童的发育所发挥的作用是相当的;而且,他在课外学的东西更容易变成一部分有效的知识,因为这种知识是令人愉快的,他认识到了知识的直接效用。同样,这些活动都与生活经验息息相关;所以我们把孩子送到学校去学习这些。那么,还有什么比用这样的内容来建构学校的课程更

---

① 豆子袋(bean bags)是美国儿童用来投掷取乐的袋子,里面装有豆子。——译者

自然的呢？这就是梅里安教授的所为。一天的时间被分成四段，由下列四个单元去填满：游戏、讲故事、观察、手工。儿童的学习活动则完全来源于他们的生活环境，他们的学习时间主要用来进一步探究自己已经熟悉的事物。随着他们的成长，他们的兴趣自然会延伸到更远一些的事物，延伸到事物背后的过程及其原因，然后他们开始学习历史、地理、科学。

前三个年级的时间是这样分配的：9：00—10：30 观察；10：30—11：00 体育锻炼；11：00—12：00 游戏；13：30—15：00 讲故事；15：00—16：00 手工。

观察课用来学习一个主题，这个主题可能只需要上午那点时间，也可能要花数周时间。尽管有一年的整体课程计划，但如果孩子们把他们认为重要的东西带到学校，而且这东西又适合，那就让整体计划让位，教师会帮助学生研究自己的问题。这也许今天的任何学习都适用，计划是灵活的，学校致力于满足儿童个体或者群体的需求。前三个年级的观察课用来学习花朵、树木、果实、鸟儿、动物，学习天气四季的变化，学习节假日，学习镇里的杂货店或邻居的住所，以及孩子们在商店里看到的出售的衣服。学生在扩大活动的过程中感觉需要读、写、算，只有到了这个时候，才学习这些内容。自然课尽可能放到户外去上。老师领着孩子们散步，边走边谈一路上见到的树木、植物、动物。他们捞蝌蚪和鱼，把它们送到学校的水族馆；挑选一棵树来观察，并将一年的观察结果记录下来。对气候的

做游戏,要有运用肌肉的技巧和读、写、算的能力(密苏里州哥伦之亚大学附中)

观察同样持续一年的时间。他们观察四季的更迭:秋天万物是什么样? 冬季来临又会发生什么变化? 植物和动物冬天都做些什么? 等等。他们用这个方法观察一年的全部循环周期,无意之中了解了气候与他们周围的植物和动物生命之间的关系。

对他们自己的食物、住房和衣服的观察研究,集中在一段时间内连续进行;如果有兴趣而且有时间,还可以观察研究与实际生活必需品无关的一些当地生活内容。他们通过观察研究珠宝店和马戏团来了解邻里的娱乐休闲生活,通过观察研究当地的消防部门和邮政局来了解他们父母的社区福利。

所有课程用的学习方法都是相同的。首先,在教师的帮助下,孩子们围绕即将学习的主题,说一说自己都知道什么。如果主题是食品,每个儿童都有机会说说自己能想到的任何食品,比如:自己的家里吃些什么? 食品从哪里来? 食品如何处理? 他在杂货店里注意到了什么? 等等。然后,教师带全班学生去参观杂货店,在那里逗留一上午的时间,每个孩子尽可能看自己有多少发现。在孩子们开始参观之前,老师会提醒他们注意有些东西是按夸脱①出售的,因为从这一方面来谈重量和计量这个主题,儿童似乎觉得极为有趣。一年级的有些孩子是极其敏锐的侦探,因为他们发现杂货店老板用数不清的手段来

---

① 夸脱(quart)——液量单位,等于 1/4 加仑或者 2 品脱,或者美制的 0.946 升。——译者

使物品的数量看起来比实际的多。教师还鼓励学生留意价格、比较价格，并在家长愿意的情况下，把家里的食品预算拿到课堂上。回到教室，他们再次讨论自己的所见，能写的孩子把记住的所有物品的价格做成一个清单，或者写一篇参观记。老师口述孩子们的参观所见，孩子们据此写成参观记录。

不会读的学生画一幅杂货店的图画，或者用杂货店老板给的销售目录上一堂阅读课。然后，他们观察研究杂货店老板给顾客送货的方式，并对货物的来源进行一般性了解。他们从家里拿来杂货店老板寄出的账单，进行比较并把各项累计起来，然后讨论便宜食品和营养食品的问题。也许他们会用同样的方法去观察研究牛奶和面包生意，然后转入邻里住房的问题。同样的方法，用于对邻里住房、镇里的穿着和娱乐的研究。之后，全班访问消防部门和邮政局，了解各部门的职能及运作方式等等。对这些当地生活的观察研究，通常从三年级开始。不断运用读、写、算以及正确使用口头英语的机会，是显而易见的。梅里安教授认为，让学生观察研究生活的社区，对于学生的活动本身具有教育的价值。它绝非仅仅是教授的"三要素"的幌子；而"三要素"只有在对孩子们正在做的活动直接有益时，才教给他们。

专门为前三个年级开设的游戏课同样具有教育价值。儿童锻炼身体，学习控制身体，学习做富于技巧的动作，以产生某种具体的结果。这项活动允许有多样性和自由，教师只是观察者。孩子们玩的大多数游戏都是竞赛性的，因为他们发现，学生需要技巧与机会这两个元素，才能拼命地玩游戏。豆子袋和九柱戏①都很受学生的欢迎。实际上，任何游戏只要可以记分，老师都充当孩子们的记分员。老师等比赛结束把分数抄到纸夹里以便查看，同时也通过这个来了解学生的进步情况。他们玩得越好，就越喜欢那个游戏。所以，他们观察最棒的玩家，研究他如何移动、如何站立，而且还把这些画下来。老师把学生游戏过程中的东西写到黑板上，等游戏结束时，学生便有了一堂由他们自己创作、自己叙述的阅读课。当把这些抄到纸夹里，他们又可以上一堂写作课。做游戏的时候，孩子们可以随心所欲尽情地说笑，而这却是一堂语文课。游戏引入了花样繁多的项目，以鼓励学生自由地讲话。让学生用有趣的东西来做游戏，获得额外的刺激，比如彩球、玩具娃娃、漆得很花哨的不倒翁。每日记述游戏时，孩子们会使用游戏中碰到的新词和新词组；正是通过这种方法，他们的词汇量以一种自然的方式得到扩大。

讲故事，与其说是在读写课上进行，不如说是在一天活动剩下的所有时间里进行的。孩子们十分喜欢好听的故事，应该给他们大量的机会来了解故事。在这段时间里，老师和学生互

---

① 九柱戏（ninepins），是一种在木板球道上用球滚击九个木柱的滚地球游戏。——译者

相讲故事,但故事不是从《识字课本》上学到的,而是他们知道的、听过的或者出于喜爱读过的。每个儿童都喜欢别人听他讲,而且他们很快就发现必须把故事讲好,否则就没有听众了。有些故事,他们边讲边表演,有些故事则是边讲边画。他们很快就想学习一组新的故事,于是很自然地去学校图书馆,抓上一本便阅读起来。结果发现,一年级的学生一年中看了 12 至 30 本书,二年级的看了 25 至 50 本书。他们用这种方法学习阅读,学习读好书(图书馆里没有别的东西),学习好好读书,因为他们总是急欲找故事讲给全班听,或者找到能够表演的故事。通过这种方式,他们很早便学会了对文学的欣赏,这种欣赏伴随他们的一生。年龄小的儿童总是喜欢那些经典的故事——鹅妈妈①、汉斯·安徒生②、吉卜林的《平凡的故事》(*Just So Stories*)。如果学生在学校养成厌恶书籍的习惯,这会让儿童远离文学,转向拙劣的读物。但是,如果学校允许并鼓励他们听故事、读故事、演故事,就像他们在家里一样——即纯粹为了从中取乐,那么,他们会保持良好的品位并不断地欣赏好书。梅里安教授说,儿歌是另一种故事。幼童唱歌是为了好玩,为了里面的故事。因此,唱歌是学校活动的一部分,而且

---

① 鹅妈妈(Mothe Goose),1781 年英国伦敦出版的童谣集《鹅妈妈摇篮曲》假托的作者名。——译者
② 汉斯·安徒生(Hans. Andersen, 1805—1875),丹麦作家,童话大师,其主要著作有《白雪公主》、《卖火柴的小女孩》等。——译者

为了获得更多的乐趣，儿童在学校很愿意学唱歌。

儿童们总是嚷着要"创造点什么"。于是，这给梅里安教授足够的理由把手工课程变成常规课程，而且每天上 1 小时；这 1 小时对于学生似乎太短，以致要把功课带回家去做。年龄最小的学生，不论男孩、女孩，都要去木工车间学习使用工具，学习制作东西：玩具娃娃的家具、船，或者是带回家的礼物。编织和缝纫让男孩和女孩同样感兴趣，并使他们对审美及其运用有了见识，所以他们做了不少东西。年龄小的儿童从织玩具吊床开始，学习粗一些的十字针形和钩针形编法。全班学生，特别是年龄小的儿童，通常同时编织一样的东西，当然，他们也可以提出自己的想法；年龄大一些的儿童，则有很大的自由。手工的种类及其复杂程度随着儿童年龄的增加而增加，随着使用工具的熟练程度的提高而增加。有些五、六年级的男孩制作出很好的家具，学校时常还使用这些家具。因为要制作草图，手工课提供了又一个机会来学习绘画、熟悉色彩。

到了四年级，随着儿童兴趣的扩展，活动出现了明显的变化。一天分成 3 个阶段，分别上产业课、故事课、手工课。有组织的游戏不再吸引学生，他们要到户外去玩，或者在大的体育馆里自由地玩，因为在体育馆，他们可以玩更野更吵闹的游戏；而且，他们也长大了，足以把比分用脑子记住。产业课取代了低年级的观察课，但活动性质相同，且保持不变。儿童知道了周围所见的物体的意义，知道了这些物体与自己以及朋友的关系，他们已准备要更进一步扩大这种知识，吸收自己看不见的事物、过程、理由和关系；因为这些事物、过程、理由和关系涵盖了整个社区或者更多的社区，最终还涵盖了整个世界。

通过同样的方法，低年级的儿童观察研究身边的环境，四年级的学生观察研究街坊上的产业：鞋厂、面粉厂、麦田和玉米地。他们步行到工厂和农场，回到教室后的活动就围绕工厂和农场的见闻来进行。他们写的作文与所见所闻有关，阅读的书籍讲的也是农业和制鞋，算术涉及他们在农民或者工人的工作中发现的实际问题。这一切都是为了帮助学生理解自己所研究的产业。地理课的内容同样来自这种旅行，并回答这样的问题：他们为什么种大麦？附近哪里的大麦长得最好？原因是什么？等等。这所学校碰巧坐落在一个小镇里，这里的产业主要是农业；但显而易见，只要把农业换成周围街坊的产业，这种课程计划很容易便适用于其他社区。

五、六年级继续上产业课，不过范围扩大到世界的主要产业。当然，此时，学生必须学会用越来越多的铅字代替以前的徒步旅行。学习内容与过去的学习有关，包括阅读、写作、数学练习，涉及的地理内容也越来越多。利用图书馆变得极为重要，因为老师并不向学生提供一本学习和背诵用的教材。这时的地理课以这个问题作为开端：镇里制造的东西如果自己用不完会怎么样？接下来的问题是：同样的产品，其他地方生产吗？生产的方法是否相同？其他地方还生产了什么？用什么样的方法生产的？再往后：我们从其他地方得到的东西是在哪里生产的？是怎样生产的？这些问题的答案，一本教科书是无法提供的；即便有，也与学校关于儿童要通过调查研究来学习的理念相冲突。孩子们必须从图书馆浩瀚的书籍中，找到论述他们所研究的那个特定产业的图书。每个孩子读的并不是同一本书，但每个人都尽可能地对讨论作一些贡献。正如在低年级一样，年龄大一些的学生自己制作一些纸夹，以便在上面记下对各种产业的描述，画出机器和生产的过程。

到七、八年级，产业研究以历史课的方式继续进行，换言之，学生学习的历史涉及衣、食、住有关产业。学生对住所的历史研究以穴居或者灌木丛居为开端，然后是游牧部落的帐篷、古希腊和古罗马的房子，一直到今天的钢铁摩天大楼。学生了解未开化人使用的木制打谷棍到机械收割机的演化过程，学习有关农业的历史。这四个高年级的产业课都涉及对政府机构的研究：四年级研究当地邮局；五、六年级研究美国的邮政体系，了解信件怎样送到世界各地；七年级研究政府中某些机构的历史。在一年里，他们花一些时间来了解世界各民族如何打仗、如何组织军队。学习的方式是先阅读，然后就阅读的书展开讨论。学生们边学习，边做笔记，并就他所研究的每个国家的军队写一篇短小的论文，如果愿意还可以加插图。

四个高年级上故事课时，继续开展低年级开始的活动。音乐和美术逐渐融进了故事课。孩子们继续阅读书籍，围绕看过的书展开讨论。每个学生记录下自己读的每一本书,用文字简短地叙述书中的故事,并说明自己喜欢这个故事的理由。这些记录保存在图书馆的一个书架上,任何学生都可以参考,以便帮助自己选择书籍。即便是在中学,梅里安教授也不相信为作文而教作文的方法,不相信通常那种通过分析来学习文学的方式。学校的所有活动都是对英语的一种不断练习。教师帮助学生在学校的每时每刻都使用好英语,写出好英语;通过这种方式取得的成绩,显然比把内容集中到一个小时去进行正式训练要好许多。

法语、德语的教学也是故事课的一部分。学生通过这种方式愿意学习,因为他们能够用另一种语言交谈阅读,从中获得了快乐,况且对他们今后读文学作品很有用。由于这个原因,讲故事在以文化知识内容居多的课程中占有了一席之地:娱乐与快乐。唯一需要布置家庭作业的课程,就是以"故事"名义来安排的功课。儿童到学校是为了学习,让他们回家后继续学习是不对的。如果他们想从学校获得最大的益处,就应该渴望上学。上学是一种愉快的事,但是如果把完成一组任务与上学联系起来,学生在学校里学习的兴趣注定会减退。然而,如果认为有些学习活动是适当的休闲和娱乐,儿童自然应该在放学回家之后继续这些活动。

这所学校实施该计划已有 8 年,现有 120 名学生。学校的建筑不多,教室用折叠门隔断。同一间教室至少有两个年级

（1）通过印刷来学习语文（芝加哥弗朗西斯·帕克学校）

（2）一年工作的基础（印第安纳波利斯）

（通常是三个年级）一起上课，只要不打搅同学，允许学生自由活动、相互说话。整个教室由一个教师负责，里面大约有 35 个孩子，他们分成几组，每一组的活动都是不同的。附近乡村有些公立学校的个别教师在一个年级中采用了这个课程计划，然后他们发现，到了年底，学生已准备好升级；而且，学生在下一个年级也能够同样轻松地学习，就像是按照常规的那种方式正式训练出来的一样。学校保存了小学毕业生的记录，他们中的大部分进了密大附中，所以有机会对他们进行仔细的观察。他们并没有感到无法赶上常规的大学备考学习。他们的大学入学分数和年龄显示，其基础训练锻炼了他们进行艰苦的正规学习的能力，因此比一般公立学校的学生更有利。

梅里安教授同时是附中的校长，但除了语文之外，他并没有改变常规的大学备考课程。不过，他期望改变并相信，对这部分课程进行同样激进的重组，将会取得有益的收获。在中学，语文并不是作为一个单独的科目来教授的，但语文的学习继续遵循小学的路子。有一个课题研究了一定数量的密大附中的毕业生和同样数量的镇中学毕业生，其结果显示：在中学阶段没有接受过任何传统方式语文训练的学生，其大学语文各门课程的成绩比遵循传统训练的学生要好。

当然，依照学生是否能够"跟上"本教育实验改革来判断一个教育实验，并没有多少价值。本实验的目的不是要设计一种方法，好让老师在同样的时间长度内教授更多的知识，甚至不是为了让学生愉快地为大学的课程做好准备。相反，其目的是要把一种教育提供给儿童，这种教育将向儿童显示自己有什么样的能力、如何才能在所处的世界从物质与社会两方面锻炼这些能力，从而变成一个更优秀、更快乐、更能干的人。有一个学校正在尝试如何才能让学生在这一点上做得最好，如果这个学校同时又能够把在更为传统的学校所能学到的一切教给学生，那么，我们才能确信没有造成什么损失。学校教育教给学生的任何动手技巧或者身体力量，或者对日常生活的喜爱，以及文学艺术所带来的最美好的感受等等，都是另外一些实在的收获，立竿见影，能够量化。一切都有助于实现更大的目标。不过，学生的全部生活才是真正检验教育实验是否成功的唯一标准，而教育实验的目标是通过帮助完整的个体来造福全社会。

第四章

课程重组

卢梭一面写《爱弥儿》，一面却抛弃了自己的亲生子女，忍心让他们在弃婴堂长大而丝毫没有得到父母的关爱。所以，他的读者和学生只关注他的理论及其对教育的贡献，而不关注他在塑造那个自命不凡的楷模——爱弥儿——时所采用的不切实际的方法，这就不足为奇了。如果卢梭去尝试教育现实中的儿童，他就会发现，必须把自己的理念变成一些具体的实施计划。他急于达到自己的理论所描述的理想，他关注的焦点是不知不觉中在儿童个体身上实现其理想的教育方法。儿童应该把时间花在适合自己的东西上面。教师马上就会问：这些东西是什么呢？儿童应该有机会在心智、精神和生理方面自然发展，教师怎样才能提供这种机会？这种机会又在哪里？只有在最为简单的环境之中，即在教师本人能够提出理论的环境之中，才能在具体的内容和方法上不借助相当明确的理想来展开教学。因此，回顾一下近代教育改革的尝试，我们便自然发现：课程一直是重点。

裴斯泰洛齐和福禄培尔是两位教育家。他们十分热衷于把从卢梭那里获得的灵感变成教室里的详细活动，把自然生长的朦胧理念具体化为教师可以日常运用的规则。两人最后都成了理论家，福禄培尔是禀性使然，裴斯泰洛齐则是出于需要；但两人都作出了积极的努力，把自己的理论应用于实践。他们不仅普及了教育的新思想，而且对学校实践所产生的影响比任何一个现代教育家都大。裴斯泰洛齐真正创造了小学教育的有效方法；众所周知的是，福禄培尔为因年龄太小而不能上正规小学的儿童创建了一种新型的学校，即幼儿园。

他们把理论与实践结合起来。因此，很重要的一点，就是要弄清楚他们在哪些方面把教育作为自然生长的理念发扬光大；同时，为了尽快制定人人都可以遵循的教育纲领，他们又在哪些方面回到了机械的和外在的方法。就个人而言，裴斯泰洛齐是生活中的英雄，一如卢梭是生活中的狗熊。裴斯泰洛齐以大公无私著称，卢梭则以感情上的自私自利闻名。也许正是因为这个原因，裴斯泰洛齐牢牢抓住了卢梭根本未曾洞见的一个真理。裴斯泰洛看到，人的自然生长也是一种社会发展过程，因为个体与他人至关重要的联系超过了与自然的联系。用他的话来说："自然通过社会关系教会人获得社会关系。事物在人的教育中所起的重要作用，相当于社会关系与人的密切程度，而人必须建立社会关系。"出于这个理由，家庭生活才是教育的中心，家庭生活以某种方式为教育机构树立了榜样。在家庭生活中，物体、桌子、椅子、园子里的树木、垒栅栏的石头等都具有社会意义。这些东西，人人都在使用，因而要影响人们的行为。

在现实社会作用的环境中，教育对于智力和道德的成长都是必要的。儿童通过进入社会环境来学习，他学的东西与社会环境的联系越紧密、越直接，他学到的知识就越地道、越有效。

应付未来事件的能力，往往来自驾驭我们周遭的事件所获得的能力。因此

　　对于现实的直接感觉，只能形成于狭小的社会圈子——比如家庭生活这样的圈子。人类智慧真正的坚实基础乃是对周围环境的密切了解，以及训练有素的应对能力。这样所形成的思想品质既淳朴又敏锐，它之所以形成，是因为不得不应付矛盾的现实，从而可以适应未来的环境。它是坚定的、敏感的、自信的。

　　与之相反的教育是分散而混乱的，十分肤浅，仅仅漂浮于每一种形式的知识之上，而不是把知识应用于实践。这样的教育是混杂的、摇摆的、不确定的。

这段话的寓意很明显：只有积极投身于社会生活的活动，才能获得货真价实的知识，智力才能得到训练，才能有所作为。

这就是裴斯泰洛齐伟大而积极的贡献，它代表了他从自己的个人经验获得的一种洞察力。作为一个抽象的思想家，他并不十分突出。但是，他的贡献不仅超越了卢梭，而且把卢梭理论中的真理放到了一个坚实的基础之上。不过，这种思想并没有什么系统性，也不适用于那些可以相互传授的方法。它的意义在他早期的事业中得到了体现。起初，他把 20 个流浪的儿童带回自己的家里，开始了对他们的教育。他的方法是：夏天

教农活,冬天教纺纱织布,并尽可能把书上的操作指南与这些活动联系起来。这种意义后来再次得到体现,那是他负责管理一个瑞士村庄的时候。村子里的成年人因抵抗拿破仑的一支军队,基本上被消灭殆尽。有一个参观者曾经说过:"哇,这可不是一个学校,这就是一个家啊!"在这个时候,裴斯泰洛齐感觉自己得到了最伟大的赞扬。

我们可以在裴斯泰洛齐更为正式的学校教学生涯中发现他的另一面。他在这里同样攻击当时小学教育中单纯依靠语言的教学方式,并努力用自然生长来取而代之。追求积极的社会生活要使用一些物件,比如家用的那些物件,不过,他并没有依赖对这类物件的接触,相反,他依赖的是与任何物件本身直接的接触。结果,裴斯泰洛齐的基本思想发生了变化。过去,个人的成长依靠个人的活动;现在,这种成长似乎要依靠教师展示的物体。他隐约地意识到自己思想上的前后不一,所以,他说,可以从人类特有的各种体验中抽象出某些固定的发展规律,并试图用这一点来克服自己思想上的前后矛盾。教育不可能紧跟某一特定时期儿童个体身上所出现的生长状况,否则会导致困惑、混乱、无序和不确定。教育必须遵循那些源于个体状况的一般规律。

对此,重点不在于参与事物的社会运用,而在于对物体的依赖。在寻找从特定体验中抽象出一般规律的过程中,他发现有三个东西是不断重现的:几何形式、数目、语言。当然,语言在这里指的不是孤立的语言表达，而是对事物性质的陈述。在这个活动阶段，作为一个教师，裴斯泰洛齐特别热衷于构建实物教学计划。根据这些计划，儿童应该学习事物的空间与数字关系，并学习表达其性质的词汇。小学教育的主要方式是给感官展现事物的实物教学，这个理念就出自裴斯泰洛齐。由于这个教学计划关注的是外在事物及其感官的表象，所以适用于具体形成的方法，几乎可以机械地相互传授。

在设计这些方法的过程中，裴斯泰洛齐想到了"自然的秩序"在于由简至繁的思想。找出每一科中各个观察主题的ABC（按他的叫法，即基础知识）——即可以放到感官面前的最简单的要素；等基础知识掌握之后，学生转向这些基础要素的各种复杂形式。这样，在学习阅读时，儿童要从组合形式AB、EB、IB、OB开始，然后学习反向组合形式 BA、BE、BI、BO等，一直到掌握所有这些要素为止。接下来，他们会学习复杂的音节，最后才学习单词、句子。在教授数字、音乐、画图时，也从那些可以放到感官面前的简单要素入手，然后逐级建构更加复杂的形式。

这个程序被广泛运用，乃至于许多人对"方法"这个词的理解仅限于指这种对外部印象的分析和组合。时至今日，这一点依然是许多人对"教学法"大部分内涵的理解。裴斯泰洛齐本人称之为心理化教学，或者说得更准确一点，就是机械式的教学。他通过以下论述精辟地阐明了自己的思想：

在自然界,花蕾的缺点意味着成熟过程中的缺点,胚芽的缺点有损于花蕾的生长。在其组成部分发育的过程中,智力的成长与苹果的生长是一样的。因此,为了避免教育中的混乱和肤浅,我们必须注意要尽可能正确和完整地留下物体的第一印象。我们必须从摇篮中的婴儿开始着手,把比赛训练从盲目而好玩耍的自然手中夺过来,让它接受一种力量的约束。这种力量是人类从自然的过程中提取出来的,而人类经过了多少个世纪的体验,才学会如何提取这种力量。

应该赋予这些话一个普遍的意义。所有教育改革者都理所当然地主张儿童最开始的几年很重要,因为决定他们以后成长的基本态度都是在这段时间里固定下来的。毫无疑问,如果我们能够调整儿童与其周围世界的早期关系,使他们学到的所有概念本身都是可靠的、实在的、确定的、正确的,那么,我们可以给他们一些不甚明确的知识标准。这些标准以后会产生一种完全不同于我们现有体验的功效。但是,几何形式的可靠性与确定性,以及物体个体的可靠性与确定性,都是通过认知达到的。正确性和完整性的获取,是以儿童与他人日常的体验相隔离为代价的。儿童能够学习正方形、长方形等各种性质,并知道它们的名称。除非这些正方形和长方形进入了儿童有目的的活动之中,否则,他们仅仅是在积累一些经院化的知识。

毫无疑问,把名称与物体联系起来学习,比仅仅学习一串串词汇更加有效。但是,两者距离真正的教育发展是差不多的。两者都远离"牢靠的、敏感的、可靠的知识"。这样的知识,只有在为吸引儿童而使用东西的过程中才能产生出来。儿童在家里的活动中使用的东西,在整理园子、照料动物、玩耍和游戏时使用的东西,对他才具有真正的简单性与完整性。为了学习的目的,把直线、角和量简单地摆到他面前的方法是机械的和抽象的。

在很长的时间内,裴斯泰洛齐的实际影响仅限于把教学中依赖死记硬背与事物毫无联系的词汇的做法赶出学校,把实物教学法引入学校,把每一个主题分解成若干要素即 ABC,然后逐级进行教学。这些方法未能提供学习的动机,也未能教给学生真正的能力。因此,许多教师认识到,即便儿童不理解周围的一切,对于儿童而言,对他有用的东西实际上比孤立的要素更简单、更完整。更加新型的学校出现了向他早期更重要的学习思想回归的做法,但是,这种回归并没有参阅裴斯泰洛齐的理论。他的早期学习观念是通过参与类似日常生活中的那些活动和任务来开展学习的。他周围的朋友从事的,也是这样的教育改革工作。

学校不同,解决问题的方法也不同。所有蒙台梭利学校仍在尽最大的努力,试图用看得见的内容来促进脑力的生长。在别的学校,比如在费尔霍普学校,其实验所采用的内容往往是随意的和非规范的，其课程针对学生的直接需求。

当然，大部分学校处于这两种趋势之间。儿童必须受教育，而且必须自然地受教育；但是，社会变得如此复杂，对儿童的要求又如此繁重，如此连续，结果学校必须教给他大量的东西。在现代生活中，自然是一个非常广泛又非常紧密的东西，它不仅包括儿童错综复杂的物质环境，而且包括社会关系。一个儿童如果要掌握这些，他必须涉猎广泛。那么，如何才能用最佳的方式做到这一点呢？使用的方法和材料本身至关重要，材料和方法必须完全能够向儿童展现一个小型的自然的全部，因为这个小型的自然构成了他的世界。儿童与课程是两种运行的力量，两者都在发展，又相互影响。我们在参观学校时发现，学校教师普遍觉得有意思、有益处的东西是方法、课程和学生使用时间的方式。换言之，在儿童与其环境之间进行调整的方式被凸现出来。

"做中学"是一个口号。这个口号几乎可以用来概括性地描述许多教师努力实现这种调整的途径。儿童必须学习而又最难的一课就是实践课，如果他还没有学会，那么任何书本知识也弥补不了；今后他遇到的，正是调整自己与邻里以及与工作的关系问题。有一种实践方法自然成为解决这个问题最容易最有效的途径。从表面上看，各种学习——算术、地理、语言、植物知识等——本身就是经验。这些都是人类过去的积累，是人类一代又一代努力和成功的结果。普通的学校教育展现这个结果，但不是以一种单纯的积累来展示，也不是以分散的点滴经验之大杂烩来展示，而是以某种有组织的方式来展示。因此，儿童的日常体验，儿童日复一日的生活形式以及教室里的内容，都是经验的组成部分。它们是人类生活中的最初几步和最后几步。把其中一个拿去与另一个对立，就等于把同一个生长中的生命的婴幼期拿去跟它的成年期相对立，等于用同一个力量的变化趋势去反对最后结果，等于坚持认为自然与儿童的命运势如水火。

学习代表了儿童简单的日常体验中的最高发展。学校的任务在于抓住这些自然的体验，把它们有序地安排到科学、地理、算术或者任何课程中去。既然儿童已经知道的东西构成了教师试图教授给他的某一科目的一部分，那么，利用这种经验作为基石的方法似乎便是正常而进步的教学方法，因为儿童有意识学习的各科知识就建立在这个基石之上。如果力求使我们扩大儿童体验的方法近似于儿童获得最初的体验所用的方法，那么，显而易见，我们在教学效率方面就能取得巨大的成就。我们都知道这样一个常识：儿童只有在学校里面，才能学到对他的生活直接产生意义的东西。但是，他如何学知识这个问题，将为自然的学校教育方法提供线索。答案不在于通过读书或者听老师讲解火或者食品的性质，而在于通过儿童自己去生火，自己去品尝，换言之，通过做事情。于是，这个具有现代意识的教师说，儿童在学校里面必须动手去做事情。

一种教育，如果忽视儿童的这种学习冲动，很容易变成一种贬义的"学术"和"抽象"。如果教科书成了唯一的教材，教师的工作就会变得更加艰难，因为除了什么都要自己教之外，教师还得不断地压抑并剪除儿童身上好奇的冲动。对儿童而言，教学变成了一种外在的展示，缺乏意义，缺乏目的。事实如果既非引向又非源自儿童过去的生活中占据重要地位的东西，则容易变成贫瘠而缺乏生机的东西，变成学生上学时非学不可的象形字。只有当儿童在校外，在现实生活的活动中，学到同样的事实，这些东西对他才具有意义。孤立的事实，比如出现在地理教科书里的事实，就会遭遇这种情形，因此要尽量减少采用孤立的事实。

对于任何一个学科的专业人员而言，材料都是分门别类和有序的，但在放进儿童的教科书里之前，难度必须减小，数量必须极大地减少。不要太过于刺激思维，要剔除条理化功能。儿童的推论能力、抽象及归纳的能力还不够。这并不是说教科书必须消失，而是说教科书的功能改变了，变成了学生节省时间并减少错误的指南。教师与书本不再是唯一的教员，手、眼、耳——其实全身——变成了知识的源泉，而教师和课本分别变成了开启者和测试者。没有任何书本或者地图能够代替个人的体验，因此不能取代真实体验之过程。自由落体的公式不能取代扔石头或者把苹果从树上摇落下来这一体验。

当然，"做中学"并不意味着用工艺训练课或者手工课取代教科书的学习。在学习书本知识的同时，只要有机会，就允许学生动手去做，这将大大地有助于保持学生的注意力和兴趣。

印第安纳波利斯学校系统的公立 45 中正在进行一些实验，可以说，学生是在做中学的。学生所完成的学习符合该州的课程要求。学校的教师不断地发现新的方法，以免把教学变成书本知识的练习，或者把教学变成备考的方式。五年级的班级活动围绕孩子们建造的一个平房而展开。班里的男生在上工艺训练课时，建造了这个平房。不过动手建造之前，每个学生按比例画一个房子的平面图，然后在上算术课时计算出模型及实际房屋所需木材的数量及成本。他们解决了从房屋测量中获得的大量问题，比如计算地面面积、墙面面积和每间屋子的空间，等等。孩子们很快便为自己建造的房子杜撰了一个家庭，并决定把这个家安顿在农场里。于是，计算工作便根据整个农场来进行。首先规划种植，然后按比例设计平面图。他们根据模型农场搜集到的信息来提出问题：比如玉米地的尺寸是多少？种玉米需要多少蒲式耳①种子？谷物的期望收成有多大？利润有多少？孩子们对于提出问题，表现出极大的兴趣和创造性。他们提出的问题涉及自己正在学习的具体计算的过程，也适用于自己的农场。他们建起栅栏，铺设水泥人行道，砌

---

① 蒲式耳（bushel）——谷物、水果、蔬菜等的容量单位，在美国等于 35.238 升。——译者

一面墙，为农场做销售宣传，出售黄油、牛奶和鸡蛋，扣除火险费用。要贴墙纸时，面积的问题与采购、剪裁、对接等问题足以让他们在测量面积方面得到必要的练习。

语文课基本上也围绕平房的建造及其居民的生活。拼写课用的是与建房等有关的词汇。平房完整的设计计划、房子及装饰的描述，或者房子里的那家人的生活等，为写作课提供了取之不尽的素材。写出作文的学生在班上朗读自己所写的作文，而对这些作文的评论则变成了一堂修辞课；由于作文的句子描述的都是农场，所以甚至语法部分也变得很有意思。

美术课也在孩子们实际建造并装饰房子的工作中展开。学生们生怕自己建造的房子不漂亮，于是，关于室内及室外的色彩，他们提出了许多上色和处理方面的问题。然后，他们找到了很多设计的机会，譬如给房子制作墙纸，选择并装饰窗帘和家具装饰用品。每个学生做一份设计，然后由全班来决定用哪一个。学生们还为卫生间设计地砖和墙砖，为花园的布局做设计。女孩子为房子里的玩具娃娃设计并制作衣服。全班学生特别喜欢图画课，他们装扮成这家的成员，像模特一样，相互摆出在农场做不同工作的姿势，让同学画下来。这个年级的表达课主要是把农场的生活表演出来，编排由孩子们自己完成。孩子们的"做中学"，不仅是指几乎所有的教学都围绕对学生具有实质意义和价值的活动来展开，而且活动的大部分倡议都来自儿童自己。他们提出自己的数字问题，提出建房的下一步工

唱歌和游戏有助于学习算术（印第安纳波利斯公立 45 中）

作,互相对作文进行评论,自己设计戏剧表演。

在学校里,几乎各年级的学生只要有机会都背诵课文。一个学生负责,让别的同学背诵课文。教师只是一个观察者,除非必要时出面纠正错误或者是确保活动不要跑题。在没有学生负责的时候,教师会用各种方法来让孩子们发挥主动性,而不是把所有责任和主动性都控制在自己手里。教师鼓励学生相互提出问题,鼓励他们大声说出反对的意见并纠正别人,鼓励他们出现问题要自己去整理头绪。要做到这一点,靠的不是用课本给全班上一堂固定的课,并以此来导入新问题;而是通过向全班提出问题,通过提问和讨论的方式,并且在可能的情况下,通过学生的实验来解决,以此来努力找到问题的答案,或者至少让学生在翻开书本之前明白是什么问题。

这个方法适用于各种课堂活动,不过,通过一堂地理课来作一个说明,特别具有启发意义。有一个年级在学习巴拿马运河知识的时候,很难理解运河的用途或者效用,尤其是水闸的用途或者效用。换言之,他们在知识上对教师讲的内容并不感兴趣。教师就完全改变教学方法,她从一开始,让学生假设日本与美国交战,假定学生们代表了美国政府,不得不供养一支军队。学生立刻就有了兴趣,他们发现,如果美国的船想要及时赶到太平洋去保护美国的海岸和夏威夷群岛,必须穿过巴拿马运河,而运河上的山脊似乎是一个不能逾越的障碍。这时再给学生解释水闸的作用,他们立刻就理解了。这样,很多学生变得非常感兴趣，以至于把在家里制作的水闸模型拿到学校来。他们对保卫国家不受侵略很感兴趣，用起地图来自如、准确。如果不是因为有个学生提了一个问题，即美国为什么不开辟一条横跨巴拿马地峡的运河，他们便不会注意到这个令人激动的游戏会与以前他们试图从书本上死记硬背的复杂知识有什么关系。

学校的教师使用学生身边所有实际生活的例子，只要例子适合那个年级的学习。于是，三年级的学生在教室里建立了包裹邮政系统。有一段时间，他们所有的语文课和算术课都围绕这个系统来上课，学习如何使用地图、比例尺和重量单位。一个零售鞋店给一年级的学生带来许多活动和乐趣。游戏和伴着儿歌跳舞，为他们学习数字提供了很大的帮助。学校办公室的大部分家具是高年级男生在上手工课时制作的，几间屋子里面的装饰用模板的印刷图案是学生们在美术课上设计的。全校教授的算术课均围绕具体方面进行。幼儿用一盒一盒的牙签和纸计数器来做加减法；大一些的学生学习新的步骤时，可以撕纸或者画正方形。老师给学生一些东西来说明所教的步骤，然后由孩子们自己去分析已经做过的练习，最后才用纯数字来举例。

芝加哥的许多公立学校也在想方设法把教学变得生动起来，引进儿童能够掌握的课程材料，使他们能够主动地学习。这种教学嵌入了正规课程，但并不依赖于教师个体的独特性，而是在整个系统中实施，就像众多学校现已统一了教科书一样。这种教学主要应用于低年级的历史课和公民道德课，但如何在地理课和其他课中使用同样的方法，这不难设想。低年级历史课的教学，主要是通过沙盘的方式来进行。学生也许正在学习原始的建房方式，他们在沙盘上建造茅草屋、穴居、树屋或者爱斯基摩人的雪屋。一切都由儿童自己动手。教师插进来只是为了给学生提一些忠告，而且只是在学生需要的时候才提供帮助，这是为了防止实际错误；但是，建房的问题这个学习内容留给了学生，要由他们自己解决。三年级学生在学习芝加哥早期历史时，按照同样的方法使用了沙盘。他们用沙塑造了粗糙的街区地势图，然后用树枝搭建了最初在边疆安家落户时所建的要塞和小木屋，还有围桩之外印第安人的营地。他们往沙盘上的江河湖泊里灌水，水上漂着独木舟。其他年级的学生用同样的方法来学习美国最初定居者之间的交通史，学习木材采运和木材加工业。高年级学生在学习自己所居住城市的管理时，用沙盘来说明市政府的不同部门：有一间屋子里设有救生站，里面有各类船只和救生索；另一些屋子里有电话、邮车、邮包投递系统、街道清洁系统。孩子们尤其为这个清洁系统感到骄傲，因为他们复制了在校舍附近的一些小街小巷实际看到的情景。在肮脏的小街小巷旁——比如自家附近的那种，他们建造了装备有卫生垃圾装置的模范街巷。教师在介绍其他城市的街道系统时提到了很多信息，学生根据这些信息制定了最佳方案,然后又按照最佳方案制作了卫生垃圾装置。

在另一幢建筑里,四年级以上的学生组织了公民俱乐部。他们把学校分成几个小的区域,每个俱乐部负责一个区域,对自己的区域进行勘察、绘制地图、计算路灯、街巷、垃圾桶和警察的数量,或者集中研究引起他们感兴趣的事情。每个俱乐部确定他们想为自己的区域做的事情,然后着手去完成,不论要做的是清洁较差的街巷,还是改善街道的照明。他们运用成年公民俱乐部使用的各种方法,比如写信给市政府的部门或者访问市政厅,此外还到街巷去打扫卫生。学生对这项工作的兴趣和热情是不同凡响的,现在他们又发起了一场运动:通过做广告和召开街坊会议的方式,为学校建一个操场。这些年级的语文课围绕俱乐部的活动来上。学生跟踪工作进展、制作地图并写信。

大多数手工课和劳动课(并不按严格的职业目标来教授)都说明了"做中学"所代表的原则。今天,几乎所有致力于进步教育的学校都在遵循这个原则。放眼全国,许多学校系统都尝试由学生来操作印刷机,并取得了巨大的成功。安装印刷机的目的,不是要把印刷行业的不同过程教给学生,而是为了让学生自己能够印刷小册子、海报或者学校经常需要的任何文件。除了学生对排版、操作机器、出成品所表现的兴趣之外,业已证明,这项活动对语文教学特别具有价值。排版是一种训练拼写、发音、分段、语法的重要方法,因为要把一份稿件印刷出来,本身就为清除错误提供了动机；而这样的动机，学生交给老师的练习绝不可能提供。校对同样也是一种练习。这样的学校会刊印几乎一年之中需要的所有印刷材料，包括单词拼写单、大纲、学校文件等。

学校尝试各种实验来把语文课变得具体一些。教科书的办法，比如学习规则、定义，应用练习，已证明是失败的。大家都很熟悉这样一个故事：有个男孩为把正确的形式印在脑子里，在纸上写了50遍"I have gone"（"我走了"），然后他在这页纸的底端留了个便条给老师，开头一句就是"I have went home"①（"我回家了"）。语文课看来绝对需要有一个目的，因为学生依靠孤立的语法或者单词拼写训练所获的进步甚小；而且，他们发现自己最感兴趣的事没有取得任何成效。如果进步是作为学生其他活动的一个副产品而出现，情况就不一样了。给学生一个写作理由，一个做单词拼写、练习标点符号、分段落和正确使用动词的理由，进步就会变成对语文练习的自然要求。印第安纳州加里学校的沃特（Wirt）先生发现，这一点十分正确，所以州课程所要求的正规语文又增加了"语文应用课"。在这些课时内，上木工课和烹饪课的班级要讨论在做这些科目的活动时所使用的英语，并从语言的角度更正作为其他活动的

---

① 正确的形式应该是"I have gone home"。英语现在完成式的构成应该是 have＋动词的过去分词，而这里"went"并不是动词"go"的过去分词。——译者

一部分的写作作业。有人听见上这种班的学生当别人纠正他的语法错误后,问道:"奇怪,上语文课的时候,他们干吗不教咱们这个?"他旁边的同学这样回答说:"教过了,可咱们不明白他们说些什么呀!"

在有些学校,比如芝加哥弗朗西斯·帕克学校和伊利诺伊州里弗赛德市木屋学校,低年级的语文不是作为一个单独的科目来教的,学生上历史课时要写作文,远足要做游记,不用教科书的其他学习要做记录。这时的重点在于帮助儿童表达自己的思想。这样的作业,为完成大纲要求的写作技术性细节练习提供了充足的机会。在芝加哥公立学校的课程中,语法不再作为单独的科目出现;只要班上有任何人讲话的时候,只要有写作练习的时候,老师就顺便讲一讲语法。

不过,如果教师帮助学生通过分析来制定自己的语法规则,而且把这一点作为第一步而不是最后一步,那么,语法课的目的性就很强,甚至对于 11 岁的儿童来说,语法课也变得很有意思。这种方法在布林莫尔女子学院菲比·索恩实验学校取得了巨大的成功。课程里没有语法,但学生提出的语法问题之多,使老师决定让学生从自己的问题入手,发现自己的语法规则。语文课每周上两至三次,每次上课拿出几分钟让学生学语法。三个月下来,全班都能分析任何的简单句,能够一眼分清是及物动词还是不及物动词,能够全面熟悉系动词"to be"的规则。语法课成了最受欢迎的课之一;教师和学生一起发明了

学生自己动手建造校舍（印第安纳州因特拉肯学校）

许多有助于语法练习的游戏。例如,一个学生的背上别上一张纸条,上面用语法术语描述一个句子,然后全班造句,所造的句子要符合这个句子,前面那个学生需要猜出纸条上那个句子的意思。此课不用教科书,教师以句子开始,把句子称为一个镇,然后通过讨论来帮助学生把该镇划分为若干区,有单数、复数等。从这里入手,他们再推出其他的语法规则。不过,在今日的进步学校,总的趋势似乎是要废除单独的语法课,将语法和语文课的剩余内容(文学除外)变成学习其他课程的一部分内容。

在印第安纳州因特拉肯镇的男子学校,校训"教会男孩生活"是用另一种方式来表示"做中学"的。在这里,"做中学"与其说靠的是特别的手段把课程变得更加生机勃勃、更加具体,靠的是废除内容过时的教科书、废除教师向学生灌输简单的东西,不如说靠的是给孩子们营造一个环境,里面的活动既有趣又有动力。

学校房舍是学生建造的,包括四五个大的圆木结构。画图纸、挖地基、打基础、做木工、上油漆,等等,均由孩子们完成。电灯及供暖厂是孩子们自己管理的,布线、安装灯泡、维修也是他们做的。学校有一个占地600英亩的农场,里面有奶牛场、养猪场、养鸡场,还有待种和待收的谷物。农场里所有的活儿几乎也是由学生干的。大男孩驾驶收割机和割捆机,年龄小的男孩跟随观察收割过程。室内的活儿同样由学生负责。每个男孩负责自己的屋子,走廊和教室里的活动由学生轮换负责。学校有一个湖,可以游泳、划船,学生有许多时间上传统的体育课。大部分男生都在为上大学做准备,但参加这些户外的、动手的活动,并没有使他们为大学备考所花的时间比城市中学的男孩所花得多。

学校还从附近的乡村购买当地报纸,编辑并印刷反映当地及学校新闻的四开版的周报。孩子们搜集新闻,撰写大部分文章,完成所有的编辑、印刷工作;充当商务经理,拉广告,处理征订单。语文部的老师为孩子们提供他们所需的帮助。学生们做这一切,不是因为想了解某些过程,以便在毕业后找到一个生计;而是因为使用工具,从一种工作转到另一种工作,应付各种不同的问题,从事户外锻炼,学会满足个人日常需求等,所有这一切都会产生教育的作用。它们能够培养技能、进取心、独立性和体力,换言之,能够培养性格,拓展知识。

在全国各地,许多学校正在重组自然课的内容,目的是把教学变得生动起来,让学生在学习真正科学知识的同时,亲身感受植物和动物,而不仅仅是不无感伤地描述和吟诵一番。重组后的自然课不同于知识积累型的自然课,因为后者与其说是真正的理科型课程,倒不如说是文学型课程。过去上自然课,教师获取材料的方式多少有点大杂烩式的,所以教给学生大量孤立的事实;学生要学习一个又一个的物体,但物体之间却毫无关联,物体与总的教学计划也没有什么关联。孩子们即使是把与外面世界有关的大量事实都学了一遍，所学的东西也并不能把自然变得更为真实或更容易理解，因此收获甚微，甚至毫无收获。

如果把自然课上成科学课，对学生而言，这个科目的真实材料唾手可得；应该有一个实验室，便于做实验和观察。在乡村，这点很容易做到，因为自然就在教室的门窗之外。自然课的教学，完全可以按照前述费尔霍普和哥伦比亚学校的整体方式进行。

伊利诺伊州的里弗赛德市木屋学校和康涅狄格州的格林威治的林中小学都极为重视自然课。在前一个学校，学生有一个园子，他们可以在里面种植早、晚期蔬菜，这样，春秋季上烹饪课时便可以派上用场。在园子里，学生们可以做一些播种、除草、收割的农活。甚至更重要的是，学生们学习与动物们相处。他们在学校养了一只稀有的鸟儿，鸟儿生活的习性与儿童的大致相同。通过对鸟儿的照料和对其成长及习性的观察，孩子们对野生鸟儿的兴趣比过去强多了。园子里有一只山羊，那是大家最宠爱的动物；孩子们从它很小的时候就开始喂养，现在仍然还在照料它。教师想方设法鼓励学生观察学校的宠物和他们在树林里发现的动物，并且要求写出观察报告。

在林中小学，户外教学是整个学校教学的基础。自然课在其中发挥着重要的作用。学生分成若干小组，在树林里长时间散步。不分季节，不论天气，他们了解穿着各种季节衣装的树木，了解各个季节的花儿。他们通过学习了解鸟儿及其习性，他们用同样的方式研究昆虫，了解群星。实际上，他们花很多时间待在户外，所以获得了大量关于各个阶段自然界的第一手知识。学校校长把这种教学的基础叫做森林生活技艺（woodcraft）。他相信，体验林区人的所作所为——骑马、打猎、宿营、侦察、登山、印第安人的技艺、划船，等等——将使年轻人变得强壮、健康、独立，并且具备发展良好的性格和对自然之美的真正感觉。于是，自然课变成了这另一种训练的一部分。教师与学生总是待在一起，无论是划船、散步，还是搞园艺，他们要给学生解释所搞的活动是什么以及为什么这样做，同时让学生去关注周围的事物。毫无疑问，这个学校的儿童，包括年幼的儿童，都了解自然，欣赏自然。这一点，即使在乡村儿童身上也是非常罕见的。

　　大城市上自然课所面临的问题是不一样的，因为大城市只有在公园和正规的庭院里才有植物，而且动物只有送货的马和街巷里的猫。见不到大自然，教师可能会为寻找教导学生热爱大自然的最佳途径而感到困惑，或者会对尽力培养儿童观察能力的价值表示怀疑，因为要求观察的事物在学生的生活中没有发挥任何作用，而且生长在很不自然的环境里。不过，尽管大自然、森林、田野、溪流等对于在城市里长大的儿童几乎没有意义，但即便是对于从未见过树或者牛的孩子，也有许多材料可以利用，可以把自然变得非常真切。现在的教师从学生熟悉的任何一件事物入手，比如笼子里的金丝雀、鱼缸里的金鱼、操场上灰尘扑扑的树木。从这些入手，教师把儿童逐渐带入大自然，直到他们对"乡村"和"乡村"在每一个人的生活中所发挥的作用真正有了一些概念。对于大多数城市里的儿童来说，菜园子显然是一个起点。如果自家的后院没有一个小花园，邻居家总会有的，或者他们很想了解自己吃的蔬菜来自何处，又是如何生长的。

在印第安纳波利斯和芝加哥，公立学校认识到了这种活动对于儿童的价值。在印第安纳波利斯，七、八年级和中学设有专门的园艺课程。市政府在市郊交通通达的镇里购买了一大片地，家里没有花园的儿童可以要求在那里得到一块花园用地，把园艺的理论与实践结合起来。地的大小足够学生得到许多体验，可以把课堂上学到的知识应用于实践。男生和女生都有自己的花园，而且与其他功课的考核一样，教师根据学生在花园里的成绩打分。在整个学校系统中，大家都千方百计地唤起学生对园艺的兴趣。从一年级开始，就要统计家里有园子的儿童的数量，不论是菜园还是花园；还要统计园子里栽种了一些什么。凡是想栽种新品种的儿童，学校发给种籽，儿童要向同学叙述自己是如何利用花园的。

这种课程在许多农村地区已经变成了理所当然之事。南部和西部的小学生都熟悉"玉米俱乐部"（corn clubs），他们还在土壤的潜在价值方面给农民树立了示范的榜样。许多小城镇把种籽发给想搞园艺的孩子,秋天举办花卉与蔬菜竞赛展,给学生颁奖。这是跟踪作业的一种方式,也是唤起社区合作的一个途径。为了改进农作物,增加社区的财富,当地农业团体确实把这类革新的工作大部分交给了学校,地方教育董事会正着手接管这项工作;不过,并不因为教育董事会的功利色彩,自然课的实践性就会有所减少。用这种方式来上自然课,可以把自然课变成一种真正的科学教育,但绝不会妨碍关于美育和自然用途的教学,而这些则是老式自然课教学的目的。实际上,这恰恰是学校可以用来达到这个目的的最强大武器。每个人,尤其是儿童,对于自己最了解的事物最喜欢、最尊重。事物遇到识货的人,方显其真正的价值。一旦熟悉生长的事物,熟悉为一个民族提供食物的科学,对勤奋与观察的习惯注定要产生巨大的影响。一个园丁,只有观察过园子里植物的所有阶段和所有情形,不断寻找其中的原因,才会获得成功。除此之外,还有一个纯粹具有经济价值的收获,那就是让我们的年轻人在成长的过程中学会尊重农民、尊重劳动。这种尊重,抵消了那奔向拥挤城市的来势凶猛的人口流动。

芝加哥公立学校的教学没有按照印第安纳波利斯的方式去组织,但芝加哥市的一些地区极为重视通过园子来上自然课。许多学校都有自己的园子。学校把园子作为自然课活动的基地,所有的儿童都可以得到动手做园艺的机会,同时学到科学的园艺知识。这项教学被赋予了公民的特点,也就是说,

用于城市自然课的花园实景（印第安纳波利斯公立 45 中）

园子对于儿童和街坊邻里的价值被展示出来；对于儿童而言，它是挣钱或者通过供应蔬菜来帮助家里的方式；对于社区而言，它是一种清洁和美化的途径。居民如果想让自己的后院或者空地变成花园，自己便不能往里面扔垃圾，也不能让别人往里面扔垃圾。这种教学尤其改变了学校周边的街道。从儿童的兴趣和努力入手，这个社区对开辟园子产生了极大的兴趣，空地全部利用起来。这个地区比较穷，所以除了改变院落面貌之外，园子还在经济上给了人们真正的帮助。在学校的帮助下，这个地区有一批成年人到城外租了相当大的　块地，种起了商品蔬菜。实验取得了巨大的成功。通过学校提供的上课机会，缺乏经验的城市居民学会了规划、干活、料理园子，并且从一开始就取得了成功。学校得到的好处同样是很大的，因为一大批移民学生的家长发现，学校是社区的一股真正力量；所以，他们与学校建立了密切的联系，愿意与学校合作。通常，由于胆怯和无知，或者由于感觉学校高高在上，社区中的这一部分人与孩子所在的学校总是保持着距离。

芝加哥的这门"公民自然课"，除了以上描述的那个地区之外，主要是由芝加哥师范学院推动的。学院的生物教师专为解决这个问题贡献了力量。除了让学生了解熟悉的商品蔬菜种植之外，学校还特别关注商品蔬菜的种植，在教室里栽种植物，陶冶对美的欣赏；提供科学的说明，对地理课提供帮助。但是，选择植物时特别考虑了当地的条件，同时也期望为美化学生自己的环境提供一种刺激。栽种适于室内生长的植物，利用纯科学理论来进行物种选择。学校发现，植物学的科学原理可以通过这些方式来教授。通过专门考察公园、操场和周边的院落，儿童们了解到美化城市的方法，并找到了一个获取知识的额外而实际的动机。他们把宠物养在教室里，比如大白鼠、鱼、鸟儿、兔。教师尽量用这些来说明动物结构与生理原理，也用它们来教导儿童仁慈地对待动物，对动物要胸怀怜悯之心。这个做起来很容易，因为儿童天生对动物比对植物感兴趣。对于儿童来说，动物变成了实实在在的个体，因此其需求应该得到尊重。由于儿童们注意到居住条件对宠物的健康和活力的影响，他们自然会越来越关心个人卫生的问题。

人们观察到，自然课虽然是用来灌输科学知识的，但其主要用途是要培养学生怀着同情心去理解生活中动植物的地位，并培养学生的情感与美学兴趣。大城市的状况与乡村的状况非常不同。成千上万的儿童相信水泥和砖块才是大地的天然外衣，树木与花草都是不同寻常的人造东西。他们认为牛奶、黄油、鸡蛋都来源于商店，除此之外，再不会想到其他；他们不知道牛和鸡为何物，以至于纽约的老定居者最近在纽约一个拥挤的社区重聚时，孩子们最好奇的是从乡下牵来的一头活牛。在这样的情况下，很难从有趣的自然课里发现科学问题。儿童的经历中缺少一种环境，所以事实和原理不能作为一种当然之事进入他们的体验之中。甚至天气的影响也不那么重要了，除了冬天需要更暖和一点之外,季节更替的过程对学生的生活没有什么特殊的影响。城市的自然课类似一种美术,比如绘画和音乐,它的价值在于美学方面,而不在于直接的实际方面。大自然在儿童的活动中仅仅是一个很小的因素,所以,除了公民教育的用途之外,很难赋予它"训练的"价值。城市学校的自然课之所以上得随心所欲、半心半意,其原因大概就是对这种事态缺乏清晰的感受。一个严重的问题是为城市儿童找到可供观察的材料,为他们提供乡村儿童能够获取的那些关于自然的事实。

在纽约市最拥挤的一个区,有一所由普拉特小姐执教的"游戏学校"(Play School)。这个学校以此为目标,进行着一项很有价值的实验。学校根本不对幼儿教授自然课。如果他们去公园,或者是养宠物,栽种鲜花,那是因为这些东西是很好的游戏材料,因为它们美丽而有趣。如果儿童提出问题,想了解更多关于这些东西的知识,那就更好。教师并不跟他们讲树叶、青草、牛和蝴蝶,也没有刻意为儿童寻找观察这些东西的机会。教师利用儿童在街上或者家里所见到的许多东西。街对面正在拔地而起的新大楼与公园一样,都可以用来观察和提问,而且是儿童熟悉得多的景象。他们去了解工人怎样把砖头和灰浆运到楼上;他们看着运沙的车卸沙;也许有一个孩子知道运沙的司机把车开到河边,从船上取沙。孩子们注意送货人穿过若干条街道,并发现他们购买面包的地方,而面包是给他们母亲的。儿童们看见操场上有孩子玩耍，于是明白这个地方不仅好玩且对身体有益。他们走到河边，观看渡船把人们送过去、接过来，观看运煤的驳船卸煤。与乡村生活里的东西相比，这些事实跟他们的关系更大。因此，更为重要的是，让他们理解这些事实的意义及其与自己生活的关系，同时，观察的准确性得到了良好的训练。这样的活动为学生以后即将学习的科学和地理打下了基础，因此同样很有价值。除了唤醒学生的好奇心和观察能力，这还为他们展现了社会生活的内容，而今后的学习就是要解释这些内容。

位于哥伦比亚的密苏里大学附属小学按照同样的原则来安排课程。儿童学习使用所有源于大自然的材料，这些材料都是他们在学校附近或者家里发现的。他们按照哥伦比亚的天气和季节变化来学习天气和季节。更为重要的是，儿童的活动围绕对自己城市的了解来进行，了解城市里的衣食住行，因此学习的基础不是教师所讲的课程，而是儿童自己在远足的过程中留心的东西。所用的材料与他们自己的生活密切关联，所以在教导儿童如何生活的过程中更加有用。把这样的东西教给城市里面长大的儿童，其理由等同于教乡村的儿童园艺基础和当地土壤的潜质。通过理解自己所生活的环境，儿童或者成人学会衡量周围的美与秩序，学会尊重真正的成功，同时也为他们控制环境打下了基础。

第
五
章

游
戏

所有民族历来都依赖玩耍和游戏来对儿童,尤其是对幼儿进行大部分的教育。对儿童来说,玩耍是如此一种情不自禁的自发性行为,乃至于那些探讨教育的学者们几乎没有人从理论上阐述清楚游戏在实践中的地位,也没有人试图了解儿童的自然玩耍活动是否可以给学校一些有用的启示。古代的柏拉图和现代的福禄培尔是两个伟大的例外。福禄培尔从卢梭和裴斯泰洛齐那里学会了作为自然生长教育的原理。然而与这两位伟人不同,他热爱知识的体系,而且对略微神秘的玄学情有独钟。于是,我们在他的理论与实践中发现了裴斯泰洛齐身上那种同样前后矛盾的地方。

　　自然生长说起来容易,但要找到办法来确保自然生长却不容易。很多儿童身上"自然的"东西,在成人看来却是令人讨厌的,似乎这些东西对于儿童的生长并没有什么帮助。正如许多人一样,福禄培尔怀着一种急不可待的心情要找到放之四海而皆准的根本方法,以便任何教师都可以运用。他企图设计儿童发展的"规律"以便所有的儿童都能够遵循,而不论各自的环境与经验是否一样。正统幼儿园遵循的就是这些规律,尽管这种幼儿园常常更贴近他的教育法却不贴近他本人。现在,我们发现,有人试图回归他的教育精神,只是所用措辞的激进程度不同。

　　福禄培尔对儿童的同情,加上他的个人经历,使得他特别强调儿童生命的本能表现。尽管如此,他的哲学却使他相信,自然生长就是展现已包含在儿童身上的绝对而普适的原则。他还相信，外部物体的一般属性与智力发展的性质之间存在一种准确的对应关系，因为两者都是对同一个绝对实在的表现。于是，必然出现两种实际后果，这两个后果常常由于其本身的原因而左右了他对儿童的兴趣。第一个后果是：既然发展的规律可以进行一般性阐明，那么，通过研究具体的儿童来发现自然发展由什么构成，终究便不那么重要了。倘使他们大大偏离了普适性规律的要求，那是他们的不幸，而不是"规律"的不幸。教师应该掌握已然在手的完整的发展公式。另一个后果是：根据规定的公式来展示和处理外在的物质，这是确保恰当发展的具体方法。既然这些物体的总体关系，特别是其数学关系，表现了发展背后的普适性原则，它们便是把隐藏在儿童身上的同一个原则彰显出来的最佳手段。他认为，即便儿童自发的游戏是有教益的，但并不是因为游戏本身——教益并不直接在游戏，而是因为游戏象征着全人类的一些法则。例如，儿童会围成一个圆圈，原因并不是因为圆形的组合有利于社会及实际目的，而是因为圆圈象征着无穷，而无穷将会激发儿童心灵深处无穷的潜力。

上述回归福禄培尔精神的努力，试图保留他的精华。他十分重视游戏、戏剧表演、唱歌、讲故事；而要做到这些，必须建设性地运用材料，运用儿童对他们之间社会关系重要性的深刻感受。他们保留的，便是福禄培尔所做的这些永恒的贡献。不过,他们也尝试去借鉴福禄培尔以来的心理学知识成果,去借鉴社会职业在利用这些知识成果时业已发生的变化,而不是间接地依靠玄学的转化,因为玄学即便是真理,依然高度抽象。他们还在另一个方面回归福禄培尔,目的是反对他的许多门徒对其思想所做的篡改。福禄培尔的这些追随者把游戏与有用的活动或者工作明显地对立起来,结果幼儿园的实践改变了初衷,变得象征性十足,变得多愁善感。福禄培尔(他访问过后者的学校)与裴斯泰洛齐一样,非常期望儿童能够了解社会职业。例如,他说:

> 处于成长阶段的年轻人应该早些接受培训,以便具备从事普通工作、创造性工作和富有成效工作的能力。从工作中学习,从生活中学习,这是给人印象最深刻、最明智、最持续和最进步的地方。这不仅对于学习本身是如此,而且对于学习者所产生的影响也是如此。每个儿童和青年,不论其在生活中的地位和条件如何,每天都应该把一至两个小时投入一些认真、积极的活动,完成某件具体的实际工作。学校按照现行上课学时数来安排相同学时数的实践活动,这是颇有裨益的,而且这个目标一定会达到。

福禄培尔的最后这句话表明,他是一个真正的预言家,因为他预言了本书讨论的这些学校所取得的成绩。

全国的学校目前都在利用儿童游戏的天性，把组织游戏、制作玩具，或者基于游戏动机的其他创造性活动融入正规的课程。这符合给课程注入活力的精神，而高年级正利用儿童的校外环境来给课程注入活力。如果让学生把自己在课余时间搞的活动搬到学校，从而把功课变得最有效，那么，对于年龄最小的学生，把游戏作为他们的主要活动，就再自然不过了。的确，对于年龄非常小的儿童，他们绝大部分的生活都是在玩耍。他们玩的游戏要么是从大一些的儿童那里学来的，要么是自己发明的，后一种游戏通常以模仿长辈活动的形式出现。所有的小孩都玩过家家，扮演过医生或者士兵，即便没有提供这种游戏的玩具，他们也会这样做。的确，游戏的一半乐趣来自发现并创造必要的东西。这种游戏的教育价值显而易见，因为游戏把他们生活世界的事情教给他们。他们玩得越多，装备变得越丰富。整个游戏就是一幅图像，非常准确地描绘了他们的父母在家里的日常生活，只不过生活所用的语言和举止是儿童的。通过游戏，他们了解了成人世界的工作和娱乐。此外，由于注意到构建这个世界的元素，他们还了解到不少维系这个世界所必要的行为及过程。

　　这种游戏对于教会儿童如何生活具有真正的价值，而同样明显的是，它对拒绝变化也会产生强烈影响。通过训练儿童的习惯和特质，模仿性游戏使他们关注并思考这些习惯和特质，从而使得儿童去复制他们父母的生活。在玩过家家的过程中，儿童也容易把长辈身上粗俗的品质、错误和偏见当作好东西复制下来。在游戏的过程中，他们对事物的关注更仔细，结果他们更容易把周围生活的整个色彩固定在记忆和习惯里，这不同于单纯经历生活，但他们却不在乎。因此，尽管模仿性游戏具有极大的教育价值，可以教会儿童去留意自己身处的环境，留意保持这种环境所必须的一些过程；但是，如果环境不好，儿童学到的是糟糕的习惯、错误的思维和错误的判断方式，而这些方式，由于儿童通过游戏体验过，已固定下来，要想破除，就难上加难了。

现代幼儿园开始越来越多地认识到这一点。它们把儿童放学后玩的游戏利用起来，因为通过这种方法，不仅可以把儿童的学习变得有趣；而且由于游戏所涉及的活动具有教育价值，还可以教给儿童关于日常生活正确的理想和观念。儿童在学校里玩过家家和类似的游戏，在学校里使用玩具或者用材料来制作游戏所需的东西，那么，回家再去玩的时候，他们就会按照学校里游戏的方式去玩。他们不会想到要去模仿自己在家里看到的那些嘈杂而粗俗的东西，他们的注意力会集中于学校为他们设计的问题，而这些问题旨在教给他们更好的目标和方法。

一个参观者如果满脑子装的都是福禄培尔门徒所设计的那种教学方法，那他根本不会承认哥伦比亚大学师范学院的幼儿园是一个幼儿园。这个幼儿园是这所大学培训学校的一部

(1) 孩子们在操场上不做体操运动,而是搭建一个城镇(纽约市师范
  学院操场)
(2) 女生身着缝纫课制作的服装做体操、跳舞蹈(芝加哥豪兰学校)

分,并从一开始就被当作学校系统的一个实在组成部分,当作教育的第一步,而不是当作可有可无的"多余"部分。为了给高等教育打下一个牢固的基础,学校当局一直在利用现行教育系统及其所做过的实验中真正具有价值的东西来开发一套课程。为了发现什么才是真正具有价值的东西,学校进行了实验,以回答下列问题:

> 在儿童身上那些看似漫无目的、毫无价值的自发活动中,能否发现一些可以当作通向公认的价值起点的活动?是否存在这样一些天然的表现形式,它们经过恰当的引导,可以演变成美术和工业技艺的基础?保护儿童的个性与自由,在多大程度上需要自发的活动?教师是否能够确定一些带有足够的儿童口气的问题和目标?这些问题和目标既要契合儿童生长的模式,又要因鼓励他们开展自发活动的热情而被接受。

实验结果显示,最大的成功出现在儿童的天性活动及其社会兴趣与社会体验联系起来的时候。儿童的社会兴趣和社会体验是以自己的家庭为中心的。他们的个人关系,对于他们尤为重要。儿童对玩具娃娃的强烈兴趣,标志着他们重视人与人的关系。玩具娃娃就是一个最直接的起点。以此为动机,儿童期望做的,期望创造的东西就数不胜数了。于是,手工和建筑活动便需要有真正的目的，额外的益处是要求儿童去解决一个问题。玩具娃娃需要衣服，于是全班要做衣服，可孩子们并不知道如何缝纫，甚至连裁剪都不会。所以，他们从纸和剪刀入手，设计款式，进行修改，在玩具娃娃身上试验，而教师仅仅给他们提出建议或评论。一旦款式设计成功，他们便选择布料，开始剪裁，然后学习如何缝纫。即便做出来的衣服不是很好，全班在制作衣服的过程中也得到了很多乐趣，而且接受了为一个具体目标去工作的训练；此外，学会了使用剪刀、纸、针等，手的灵活性得到了逐步增强，就像通过常规的剪纸、穿刺、缝纫练习来增强手的灵活性一样。

 玩具娃娃需要一所房子住。教室的一个角落有一只大柜子，装满了积木，积木的体积很大，要全班齐动员才能搭建起房子，而且一天还建不完。有些平板的长积木用来作墙和屋顶，正方形的积木用来充当地基和窗框。房子搭建起来之后，里面的空间足够两三个儿童把玩具娃娃带进去玩耍。大家马上就会看到，这一定费了很多心思，经过了很多实验，才建成了一所真正的房子，立得起并能满足用途。接下来，房子还需要家具。孩子们学习如何操作木工工具，使用一块方木头和薄板来制作桌、椅、床。对于全班同学来说，给桌子装上腿是一个特别有趣的问题，经过反复实验，他们发现了把腿装上去的方法。因为玩具娃娃的家里需要盘子，这就为做泥塑和装饰提供了理由。给玩具娃娃穿衣、脱衣是儿童永远不会厌倦的活动，这项活动为扣纽扣、解纽扣、打蝴蝶结等提供了绝佳的练习。

一年的季节变化，儿童带入学校的一系列室外游戏，都给他们提供了生产的动力，满足了他们的真正需求。春天，他们需要弹子和陀螺。秋季，他们需要风筝。对手推车的需求则不限于任何一个季节。只要可能，就让学生解决自己的问题。如果需要弹子，他们就不断实验，直至找到一个好的方法，把弹子弄成圆的形状。如果整个过程明显地超过了他们的能力，加大了做事的难度，他们就会得到帮助。但是，这种帮助绝不是以命令的方式出现的，教师也不指挥他们按照顺序去一步步操作，因为这项活动的目标是训练儿童的进取心和自力更生的精神，是教给他们正确的思维方式，让他们自己解决问题。年龄大一些的儿童制作小车，如果非要让他们自己去设计并下料，那就超出了他们的能力。不过，如果把锯好的木板和做车轮用的圆形件给他们，经过尝试，他们就会明白如何把这些材料拼装起来，造出可以使用的小车。他们做袋子来装弹子，做围裙来保护衣服，以免油漆玩具娃娃的家具时，或者午饭后洗盘子时，弄脏衣服，这些都给缝纫提供了额外的机会。

儿童的兴趣从玩具娃娃的个体需求自然演变到一家的需求，然后扩展到整个社区的需求。有了玩具纸娃娃和纸盒，孩子们开始为玩具娃娃造房子搞装修，直到大家通过共同努力，造出一个完整的村庄。全班学生可能会在沙盘上搭建一个小镇，里面有房子、街道、栅栏、河流、树木、园子，园子里有动物。

事实上，儿童的游戏提供了更多创造事物的机会，而这样多的机会，仅靠一学年上学的那点时间是不可能提供的。这种建筑活动不仅让儿童充满兴趣与热情——对于好玩的游戏，他们一向兴趣盎然，热情高涨——而且教给他们学习的用途。在满足玩具娃娃及游戏需求的过程中，他们用微缩的方式去满足社会需求，而且学会了操作工具。要满足这些需求，社会实际使用的就是这些工具。女孩和男孩一样，对所有这些活动怀着同样的兴趣，不论是学缝纫、与玩具娃娃玩耍，还是制作弹子、做木工活。那种认为某些游戏活动适于男孩而另一些则适于女孩的观念，纯粹是人为制造出来的，是对成人生活诸多状况反映的结果。一个男孩不会想到，洋娃娃对于自己的姐姐而言是一种迷人的和顺理成章的玩具，而对自己却不是这样；但是，有人却把这个观念灌进了他的脑子里。

幼儿园的课程并非只有搭积木。搭积木占据了旧式幼儿园里折纸、穿针、缝纫和实物课等的位置，因此，每天把大量的时间留给儿童摆弄自己的玩具、照料室外的小园子、做集体游戏、讲故事、唱歌。

负责管理这个幼儿园的教师，在师范学院的操场上尝试着有趣地调动儿童游戏的动机。这里有一个室外操场，可以让低年级的儿童放学后使用。孩子们在操场上不做体操运动，也不做集体游戏，而是在这里搭建一个城镇。他们用大的包装箱来搭房子和商店，两三个孩子负责一个。他们还会设计出非常详细的城镇组织,包括电话局、邮政局、警察局,有造钱的银行,还有保持现金流通的计划,设计很巧妙。他们的大部分时间用于木工活、造房子、修房子,用于造手推车、造装备房子的家具,或者为两个商店准备货物。这项活动所提供的运动量,与一般在操场上的运动量差不多。这项活动以一种更加有效的方式让儿童忙碌、快乐,因为除了在空旷的地方健康玩耍之外,他们还学习在一个社区里发挥有益的作用和培养责任感。

匹兹堡有一个幼儿园,按照同样的思路管理。这个幼儿园也是匹兹堡城市大学的一个部分,取名"儿童学校"(School of Childhood),重视儿童健康的生理发展。这里的活动围绕儿童的自然兴趣来展开。尽管这里的儿童显然没有像上述师范学院幼儿园那样开展很多的搭积木活动,但却有很多个体游戏。笔者没有参观过这所学校,不过,这所学校似乎有许多创新,一定会对关注教育实验的人们有所启发。

在纽约市普拉特小姐管理的"游戏学校"里面,一切活动均围绕幼儿的游戏活动来组织。用普拉特小姐的话来说,她的计划是:

> 为儿童提供一个机会,使他们找到自己在社区生活的方向,并表达自己个人的经验。本实验关注的是获取第一手素材。我认为,儿童有很多基本的知识,而知识每天都在增加,因此可以引导儿童的注意力,以便能够用一种更

为关联的方式来获取知识；并且通过相关的玩具和积木，把这些知识应用于个体的游戏活动之中。同时，借助诸如图画、戏剧表演和口头语言这样的普通方式来表达自己的想法。

在这里，处于上幼儿园年龄的儿童，由于家里条件的限制，缺少开展真正的活动的机会。游戏学校让每个孩子分到一块属于自己的空间，有一块毯子和屏风足以把他隔离起来。这样，他的活动就完全是个性化的。屋子里有一个小工作间，学生可以在里面制作或者修改自己做游戏所需的东西。工具的尺寸没有缩小，木头用的是边角废料。屋子周围的柜子里和架子上放有各种材料：各种玩具、大大小小的积木、塑泥、一块块的布、针线，以及一套蒙台梭利指南。每个孩子都有自己的剪刀、纸、油彩、铅笔，而且很自由，想用什么材料就用什么材料。他要么选择自己想造的单个物体，要么制订一些更庞大的建筑计划，比如火车轨道和火车站、洋娃娃的房子、小镇、农场。然后，他根据手边的材料制订实施计划。一项工作往往要持续几天，而且涉及大量的附带建设，如轨道、信号灯、泥塑的盘子、家具或者洋娃娃的新衣服。教师的作用是教给学生制作方法和使用工具的方法，但所讲的内容并不是预先安排好的，而是根据建设的需要来提供。教师利用每一个机会来发现个体的弱点和能力，并在恰当的时候给予指导或者刺激。学生通过摆弄材料,提高了运动控制能力,此外,还不断增强了自己的创造力和进取心。

基础算术的教学是结合建筑活动来进行的。如果儿童表现出一种欲望,想要造出与自己的其他活动相关联的字母或者符号,教师就会帮助他,告诉他如何才能做到。手中的玩具就特别好用,比如半英寸厚的木板做的洋娃娃,有男人、女人和孩子;洋娃娃的关节可以弯曲,可以保持任何姿势;农场的各种动物和两三种适合洋娃娃的手推车;许多大块的积木,用木销固定在一起,以免用积木搭建的房屋和桥梁倒塌。一切按照最简单的方案来制作,而且做得很牢固。因此,材料不仅可以任意使用,而且可以有效使用。每一次成功又刺激新的和更加复杂的活动。学校没有因玩具凌乱而阻止学生使用。学生自己管理玩具,用时搬出来,用完又放回去。他们还负责整理教室,上午 10 点左右的加餐,全由他们自己来摆放。这项活动连同建筑活动,开展得很自然,没有人工的痕迹。建造的东西几乎总是学生在自己社区看到的那些东西的微缩版,这些建筑来源于他们自己的观察(这点前面第 81 页已提到),并为他们讨论自己所看见的东西提供了话题,从而去进行新的、更加广泛和更加准确的观察。

当然,儿童这种天生的游戏欲望在低年级可以得到最大的利用。不过,学校也在高年级利用游戏天性中的一个要素,即戏剧表演的本能,用动作来说服别人的本能。所有的孩子都喜

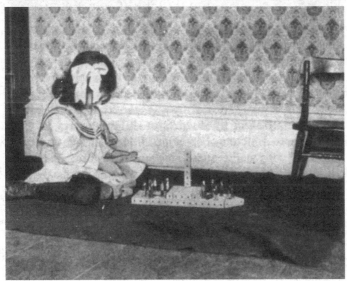

孩子们按照身边的所见构建微缩物件（纽约市游戏学校）

欢假装自己是别人或者别的东西，都喜欢假装一些样子来营造出一种环境，弄得跟真的似的。抽象的概念难以理解，儿童根本无法确定自己是否真正理解抽象的概念。让他把抽象概念表演出来，概念才会变得真切起来；否则，他一表演，就会显示出还没有理解。动作是对理解的检验。这简直就是用另一种方式来表明，做中学比听中学好。戏剧表演不同于前述活动之处，在于儿童学习的内容。过去，他需要借助物品来使一种行为取得成功，现在他不再需要物品，只是与概念打交道，而概念必须靠动作才会变得真切。学校通过各种不同的方式来开展戏剧表演，从而把教学变得更加具体。对年龄大一些的儿童，"戏剧表演"这个词基本上是按照其严格词义来使用的，就是说，让学生去表演，这是一种把英语或者历史变得更真实的手段，要不就是为了使教学活动更加富有情感和富于想象。对于年龄小的儿童，戏剧表演是一种在教授历史、语文、阅读或者算术时的辅助教学手段，常常与其他形式的活动结合起来使用。

许多学校在教授所有科目的最初几步时，把戏剧表演当作辅助手段，尤其在低年级。例如一年级的一个班把常规阅读课的题材表演出来，每个孩子扮演故事里的一个角色，角色可能是动物，也可能是人。这样，故事情境作为一个整体的概念得到了保障，阅读也不再单单是识别孤立的词和短语并把音发准的问题。再者，故事情境引起的兴趣支撑着儿童去关注语词的难点，如果孤立地讲解这些难点，只会让学生灰心丧气。戏剧表演对于阅读和表达具有巨大的帮助。教师总是不得不敦促孩子们读得"自然"一些,"要读得像他们说话那样"。然而,如果儿童知道老师有课本,所以故事讲得比自己好,结果就会对在课文中看到的东西缺乏交流的动机,那么,这种"自然"也就很容易是被迫装出来的。每一个观察者都知道,儿童一旦摆脱千篇一律的调子,学会展现一种表面的、急促的生动和装出来的活泼的概率是多少。戏剧表演既要保证学生关注课文的思想,又要关注其自发的努力,摆脱矫揉造作和自我意识,说话的声音要足以让别人听见,能够清晰地列举事物。同样,如果引导儿童自己去想象一下发生的事情,他们讲的故事会更加生动,比简单重复学校常规的某种东西时所讲的故事更有意思。人们发现,儿童在把整个动作和造型的场景画下来的时候,发生在前的动作具有很大的帮助。关于身体的造型,人们常常发现,做过造型的儿童比那些仅仅是旁观的儿童要画得好。他对环境有一种"感觉",等他后来再现这个环境时,这种感觉马上就会影响他的手和眼。我们时常发现,在低年级,学生做算术时遇到解不开的具体问题时,如果采用把具体情况"表演出来"的办法,便可以迎刃而解。真正的困难并不在于数目,而在于没有把握住使用数目的具体意义。

前文说过,高年级的文学和历史常常通过戏剧活动来强化。印第安纳波利斯学校六年级有一个班为了排演《睡美人》,不仅自己编台词,写舞台脚本,而且自己创作歌词、歌曲。通常,只有在独立的学习中,才追求这种对于单一学习目的的专注,因此这种专注会刺激各科的学习。与那种把写作本身当作目的的教学相比,其文学表达会更加生动,思想的措辞会更加精细和灵活。当然,尽管写出来的音乐可能不太精彩,但它所蕴含的清新感和魅力却超过同样的学生在单纯的音乐创作课上写出来的音乐。

二年级的鞋店为几天的学习活动奠定了基础。孩子们搭建了一个鞋店,挑选几个学生分别担任店员、鞋匠、买鞋的一家人。然后,他们表演一个母亲带着几个孩子去鞋店买鞋的故事。算术课和语文课以鞋店为基础,学生写出关于鞋店的故事。这个班的同学还根据一个简单的调子演唱一首小诗,小诗说的是一组数字,加起来等于10。这些同学也用心算的方式来解决问题,比如他们几乎马上就算出74加57等于多少,而这样的作业通常远远超出二年级的水平。要不是因为参加了这么多戏剧表演,他们的进步也许不会这么快。戏剧表演还有助于把抽象的问题变得很真切。在解决鲍德温太太购鞋的问题时,他们认为数字具有某种意义和目的,所以一旦碰到一个以纯数字形式出现的问题,他们一点犹豫和彷徨都没有。五年级有一个班建立了包裹邮政局,他们自己制作钱和邮票,把包裹拿到学校,然后表演邮局的故事。两个男孩扮演邮递员,称包裹重量,查邮资,找顾客零钱。于是,重量表不再是死记硬背的语言形式,查看地图变成了一种需要,乘法表也变成了一种需要,成功地开展活动所必备的系统与秩序得到了强化。

许多学校把学生对戏剧的兴趣调动起来,帮助历史课的教学。弗朗西斯·帕克学校就是其中的一所。四年级学习希腊史,布置给学生的作业包括搭建一所希腊式的房子,写一些关于希腊神话的诗歌。孩子们制作了希腊样式的服装,每天上课都穿。用任科教师霍尔小姐的话来说:

> 孩子们扮演雕刻家,把自己喜欢的神捏成小泥塑,铸造人物,用塑像来讲故事。他们在沙盘上塑造了迈锡尼①,然后把迈锡尼变成废墟;之后,把废墟覆盖起来;最后,又扮演发掘者,让迈锡尼的宝藏重见天日。孩子们写出献给酒神的祝福辞,还按照自己的想象,把奥菲士②可能唱过的歌编成故事。孩子们玩希腊的游戏,穿希腊式的服装,不断地把自己喜欢的故事或者事件表演出来。今天,作为特洛伊城的英雄,孩子们在课间休息的时候会用木剑和桶盖来打仗。他们在课堂上举办酒神节,念颂词,唱歌跳舞。他们还把自己分成两派,一派当雅典人,一派当斯巴达人,围绕哪个城邦更令人向往这一辩题展开唇枪

---

① 迈锡尼(Mycenae),希腊南部古城,被认为是希腊大陆青铜器时代的主要遗址。——译者

② 奥菲士(Orpheus),希腊神话中太阳神阿波罗与史诗女神卡利俄珀(Calliope)的儿子,具有极高的艺术天分,不仅能谱能曲,也能弹能唱。——译者

舌剑的辩论；或者充当雅典的自由人，用大无畏的方式回答了傲慢的波斯人的最后通牒。

除了这些日常的戏剧活动，孩子们还把特别吸引自己的一些历史事件编成小话剧，向全校师生表演。用这种方式教儿童历史，给历史课赋予了意义和情感的内容；孩子们欣赏古希腊的精神和造就一个伟大民族所必需的因素。历史变成了孩子们生活的一个组成部分，他们把历史作为个人的经历保留了下来，而不是死记硬背的课本知识。

弗朗西斯·帕克学校把戏剧表演的社会价值用到了早操典礼之中。单单学习书本知识，是一种孤立的、不合群的表现。学生可能学习了书本中的词句，但却没有学会与别人协调行动，没有学会控制并安排自己的动作和想法；而学习这些，是为了让他在一种共同的体验中，得到平等的机会去表达自己的想法。如果全班学生用动作来再现从书本上学到的东西，让所有的成员都扮演一个角色，他们将学会共同珍惜并培养自己表达的能力，以及塑造戏剧形象和情感形象的能力。他们为全校师生表演，获得了为自身努力的价值，同时又有助于培养全校团结合作的精神。所有学生，无论年龄大小，对其他班级的戏剧活动都很感兴趣，并学会欣赏别人所做的简单而真诚的努力，无论这种努力是一年级还是高年级的学生做的。为了引起全校师生的兴趣，演员们学会了简单明了，直截了当；而且，他们看到了自己的表演给别人带来的价值，从而对自己的工作表现出一种全新的尊重。任何年级都利用早操典礼对各科学习的戏剧活动进行总结，而且，只要觉得有什么事会引起其他儿童的兴趣，都可以拿到早操典礼上去说一说。戏剧的作用有时候是很小的，比如在描述远足、描述算术课的奇特过程或者地理课的某些话题的时候，戏剧帮不上什么忙；但是，儿童必须思维清楚，表达顺畅，否则听众便无法理解。这时候，要尽量借助地图、图解以及各种说明性的材料。此外，有一些练习纯粹因为戏剧性吸引了孩子们，比如四年级学生写希腊剧本或者把西塞罗①反对喀提林②的演说搬上舞台。

由毕业班来排演话剧，或者为了特定的目的而排演话剧，这当然是一种大家熟知的方式，可以吸引学生，也可以宣传学校。不过，近来除了吸引学生和宣传作用之外，学校还给话剧和庆祝活动赋予了教育的价值。无论演什么话剧，在演出过程中，由于要对观众说话，要有效地活动身体，要与其他孩子一道为一个共同的目标而合作共事，于是，儿童们得到了宝贵的训

---

① 马库斯·图利乌斯·西塞罗（Marcus Tullius Cicero，前106—前43），古罗马政治家、哲学家、演说家，被誉为"拉丁语雄辩家"。其主要著作有《论善与恶之定义》《论法律》《论国家》《为米洛辩护》等。他传播了希腊的思想，给予欧洲一套哲学术语，现今的不少哲学概念都来源于他。——译者
② 鲁齐乌斯·塞尔吉乌斯·喀提林（Lucius Sergius Catilina，前108—前62），公元前1世纪罗马政治家，以"喀提林"阴谋闻名，企图推翻罗马共和国，特别是推翻贵族元老院政权。——译者

利用儿童戏剧表演的本能教授历史（伊利诺伊州弗赖德市木屋学校）

练。学校通常尽量让孩子们的作品具备一些文学价值。不过，直到最近之前，学生们日常排戏用的资源并没有受到重视。过去，放学后演话剧是为了愉悦公众。而现在，学校正着手利用年轻人的这种自然的愿望来为延伸课程，"表演一些东西"。许多学校把相当复杂的角色搬上戏剧舞台，进行公演，题材来源于语文和历史两科，而编剧又为语文课提供了机会。戏剧排练取代了口头表达课和演讲课，而且给学生学习如何控制自我的机会。舞台布景和服装在工作间和艺术课上制作，计划和管理也由学生完成，教师只是帮助学生避免错误，防止学生灰心丧气。在里弗赛德学校，有一个班在文学课时，读了托尔斯泰写的"有爱就有上帝"（Where Love Is There God Is Also）。同学们把这个故事改编成话剧，拿到语文课上排练，全班同学都来当指导和批评家。随着兴趣的高涨，同学们制作了服装，安排了舞台布景，最后为全校师生及学校的朋友们进行公演。还有一次，同一个班根据《奥德赛》的故事编了一个简单的话剧，并搬到户外演出。斯派尔学校（Speyer School）在上美国史时，学生把拓荒时期的一些历史事件编成话剧。排练期间，几乎所有的同学，不论男女，不论个人条件如何，都试演了戏中的角色，演员最终由全班来选定。五年级学习欧文①的《见闻札记》

①　华盛顿·欧文（Washington Irving, 1783—1859），美国作家，被称为"美国文学之父"，代表作《见闻札记》，其中包括著名的《瑞普·凡·温克尔》、《睡谷的传说》等。——译者

(*Sketch Book*)时，将历史课和文学课的内容结合起来，把瑞普·凡·温克尔(Rip Van Winkle)的故事改编成话剧，自导自演，自己制作服装。

豪兰学校(Howland School)是芝加哥的一所公立学校，坐落在一个新移民聚居区。去年，这个学校奉献了一部大型纪念性话剧。学校的校长编写并排演了一部讲述哥伦布①故事的露天历史剧，全校都参加演出。这个故事简单地勾勒了哥伦布的生平。戏中增加了几个场景，以表现拓荒时期最动人的事件，突出民主国家的主题。大部分服装由孩子们自己制作，还融入了当年在体操课上学到的各种舞蹈。这样，整个表演既呈现了一幅极好的美国历史轮廓的画面，又体现了美国的精神，同时对一年的工作是一个有趣的总结。这项活动颇具价值，在团结社区居民方面产生了影响。这项活动除了教给孩子们新移民国家的一些历史知识之外，还给观众中的家长一个机会，让他们亲眼看一看学校能够为他们的子女和社区作些什么贡献。这种活动所具有的爱国主义教育价值大于日常的升旗仪式和朗读爱国诗歌，因为孩子们亲眼看到了自然所唤起的爱国情感的东西，于是懂得了自己应该热爱什么。

节日纪念活动比老式文艺活动更有意思，更具价值。老式

---

① 克里斯托弗·哥伦布(Christopher Columbus, 1451—1506)，意大利航海家，新大陆发现者。——译者

文艺活动通常包括学生背诵诗歌，大人发表讲演，重点是用一种社会方式来表现学校的工作。社区居民更感兴趣的，是知道自己的孩子参加了节目制作；而儿童更感兴趣的，是他们共同参与了自己喜欢的工作，并且都是他们自己干的。现在，许多学校的毕业典礼就是用戏剧的方式来检阅一年的常规工作。每个年级都可以参加，把自己在语文课上写的话剧搬上舞台，跳一些在体育课上学的民族舞蹈或者新奇的舞蹈等。许多学校举办感恩节庆典，各个年级在舞台上再现普利茅斯（Plymouth）第一个感恩节的场面，或者用戏剧的方式把各民族丰收节庆的情景搬上舞台。同样，圣诞节的文艺节目通常包括各年级同学表演的歌咏、诗朗诵等，节目也可能仅由一个年级表演，但都是语文课和音乐课上布置的功课。按照这种计划所安排的话剧、庆典、露天历史剧是没有止境的，因为总是可以找到题材，使儿童在阅读、拼写、历史、文学，甚至部分地理课上得到充分的训练，而这种充分的程度并不亚于常规课本中干巴巴的事实所能提供的训练。

第六章 自由与个性

读者无疑会想到,为了完成本书所描述的所有功课,一定要让学生享有大量的自由,可这样一来,便不符合传统学校制定的纪律要求。对于绝大多数教师和家长而言,学校这个字眼等同于"纪律",等同于"安静",等同于一排排学生一动不动地坐在书桌前,静静地听老师讲课;只有在老师叫到的时候,学生才可以讲话。于是,缺乏这些基本特征的学校必定是差学校,在这种学校里面,什么也学不到,学生随心所欲,却又不知道自己喜欢什么;而且,学生的所作所为对自身有害无益,也令别的同学和教师反感。

每个儿童必须通过学习来积累知识,否则,长大后便是文盲。这些知识主要与成年的生活相关联,因此学生并不感兴趣,这一点不奇怪。然而,学校的任务是要确保学生了解这些知识。那么,怎样才能达到这个目标呢?显而易见的方法是:让学生坐成一排一排的,相互间隔开足够的距离,这样就不容易相互讲话;然后,雇佣最有效的人来教授这些知识,向儿童灌输知识,让儿童不断重复知识,并最终能按照期望大体记住这些知识,至少在他今后"晋升"之前必须如此。

同样,应该教会儿童服从。学生的成就是按照要求去有效地完成功课,诚如完成枯燥无味、毫无吸引力的任务是对性格的塑造一样。应当教育学生要"尊敬"老师,"尊重"学习;如果学生不能安静地坐下来,不能怀着敬意面对老师和学习,又怎能教会他课文呢?就算他的接受能力不强,至少也要保持安静和接受老师的教育吧。有人提倡通过教师的权威来确保"纪律"，按照他们的观点，一旦取消约束，学生就会变得无法无天、破坏财物、粗暴无礼、高声喧哗，而且经常都是如此。这就证明纪律是管住学生的唯一办法，因为没有这种约束，儿童就会整天像出现短时纪律真空时那样随心所欲。

上述就是严格纪律信奉者所描述的情形。如果说这个陈述听起来比较残酷，有些赤裸裸，那么，请想一想参观"怪异学校"的人们事后说的话；考虑一下他们有没有强迫不带偏见的观察者得出这样的结论，说他们关于学校及学校教育的思想只不过是这样一桩残酷而赤裸裸的事务。关于学校自由与权威纪律（authoritative discipline）的讨论，最终演变成一个已被接受的教育理念的问题。我们是否应该遵从严格纪律信奉者的观点，相信教育是一个把小野蛮人变成一个小成年人的过程？是否应该相信必须把许多事实及美德教给所有的儿童，以便他们尽可能达到成人的标准？抑或我们应该信奉卢梭的观点，相信教育是一个弥合出生时的婴孩与愿望中的成人之间差距的过程？是否应该相信"儿童有自己的观察、思考、感觉的方式"？是否应该相信，为了满足成人的需要，通过训练的方式让儿童自己去检验周遭的世界？

我这里特意使用"权威纪律"这个说法，因为纪律与自由并非是水火不容的概念。下面引自卢梭的话极为清楚地表明，甚至他所说的自由也是一个多么严厉的监工，而这种自由经常被人们理解为目无法纪和纵容。

> 千万不要对他(学生)采取命令的方式,不论什么事情,都绝对不能以命令从事,甚至也不要使他想象你企图对他行使什么权威。只需使他知道他弱而你强,由于他的情况和你的情况不同,他必须听你的安排;要使他感知到这一点,学到这一点,意识到这一点。要让他及早明白,在他高傲的脖子上有大自然强加于人的沉重的枷锁,在沉重的生活需要这种枷锁之下,任何人都要服从这种枷锁的约束。要使他从事物而不从人的任性去认识这种需要;要使他认识到他的行动受到约束是源于他的体力而不是别人的权威。

在培养品性和才能方面,什么纪律也比不上大自然那么严厉、那么恰当;但在制造无序与懒惰方面,若论恰当的话,纪律绝不比大自然差。事实上,人们之所以对学校的自由反感,其真正的原因似乎是一种误解。批评者把身体的自由与道德智力的自由混为一谈。因为学生在走动,或者坐在地上,或者把椅子散开摆放,而不是排成行,因为他们的手要动、嘴要动,于是参观者便认为学生的思想是松懈的,认为他们在干蠢事,身体与思想道德一样,都没有受到约束。迄今为止,学校的学习一直是与驯服或者被动的大脑联系在一起的,因为这个有用的器官没有运转起来或者发出声音，但观察者却认为儿童绝不能这样做，否则会影响学习。

教育改革者认为，教育的功能就在于帮助年幼无助的儿童成长为一个快乐的、道德的、能干的人。假定这种观点是对的，那么，要促进这种成长，与这种观点一致的教育计划就必须允许儿童得到足够的自由。孩子的身体必须有活动和伸展的空间，有锻炼肌肉的空间，并在疲倦的时候得到休息。每个人都认为，把襁褓期的婴儿包裹起来，对宝宝来说是一件坏事，因为这限制并妨碍了身体的功能。对学童来说，直背课桌的限制，头朝前面，双手交叉，这些都是约束，甚至是对神经的折磨。学生一天几个小时这样坐着，一旦解除限制，难怪他们会突然爆发而陷入毫无节制的喧嚣和打闹。既然学生的身体能量没有正常的释放通道，那就只能囤积起来；而另一方面，由于要压抑未曾得到完美训练的躯体的作用，神经一直受到刺激，因此，一旦机会来临，能量便猛烈地爆发势不可当。儿童需要的时候，给他活动和伸展的自由，从早到晚都给他真正活动的机会，这样，他的神经便不会过度疲劳，等到自由活动的时候也不会变得急躁和瞎闹。如果训练儿童做事，在没有限制性的监督时，他才能够集中精力做事，同时又顾及他人。

只要儿童被当作一个批次，即当作一个班来对待，便不可能产生真正科学的教育。每个儿童都有强烈的个性，而任何一门科学都必须用其独特的方式来判断一切事实。每一个儿童都必须有机会表现他真实的一面，这样，教师才能够发现他缺少什么，才知道如何把他塑造成一个完整的人。一个教师，只有在熟悉每一个学生之后，才有希望理解儿童；唯有理解儿童，才有希望制订出达到科学标准或者艺术标准的教育计划。教育者如果不懂得独特的事实，就根本无法知道自己的假说是否具有价值。可是，教育者如果把材料都变成一个模样，乃至于各部分都没有差异，又如何了解材料的特性呢？如果把学生排成行，然后再给他们传授知识，同时又期望他们以统一的方式反馈知识，那么，教育者根本不可能了解任何一个学生。相反，如果每个学生都有机会表达自己的想法，都有机会展现自己的特质，教师就获得了构成教学基础的材料。

既然儿童生活在一个社会性的世界里，而在这个世界中，甚至最简单的行为或者言语都一定与邻居的言行密切相关，因此没有丝毫理由相信，自由会因反复无常而牺牲别人的利益。自由并不意味着解除自然和人类加在每个人生活上的约束，并不意味着个人可以放纵那些违背自己作为社会一员之福利的冲动。然而对于儿童来说，自由是检验所有冲动和倾向的机会，这些冲动和倾向关乎儿童自身所处的环境与人的世界。只有经过足够的检验，才能发现这些冲动和倾向的特征，才能剔除有害的冲动和倾向，才能培养对人对己皆有裨益的冲动和倾向。教育如果把所有儿童的冲动等同于成人社会（人们对其弱点和失败不断地哀叹）中普通人的冲动，那么，这种教育一定只能继续复制这个普通的社会,甚至无法发现这个社会是否需要以及如何才能变得更加美好。只有真正了解儿童的教育,才能塑造自身,才能够去伪存真,去莠存良。与此同时,如果仅仅从外部来抑制坏的方面,这同样也抑制了好的方面的表达,结果会带来很大的损失。

假定我们还没有实行因材施教,同时又要求给儿童以自由,那么,教育如何利用自由来让儿童受益呢?给儿童自由,让他根据自己的体力,并根据邻座同学给予帮助的方式,去发现自己能做什么、不能做什么。他不会把精力浪费在做不了的事情上,相反,他会集中精力做力所能及的事。儿童好动,好刨根问底,应当通过积极的方式把这种能量和好奇心疏导出来。这样,教师便会发现,学生可以自发、活泼、积极地参与教学,而不是像在高压体制中那样,制造麻烦,因而必须加以抑制。如今,课堂上干扰教学的那些事将会变成教师着力培养的积极品质。要让儿童保持对成人有用的那些品质,养成独立和勤奋的习惯,除此之外,如果要让学生真正地做到"做中学",就必须给儿童这种自由。大部分要求儿童做的事,如果是以命令和规定的方式按部就班地提出,那只会导致表面的肌肉训练。可是,如果把儿童天然的好奇心和对行动的热爱用于解决有用的问题,用于发现自己的需求,并知道如何根据自己的需求调整环境,那么,教师就会发现,学生们不仅把功课做得与以往一样好,而且还学会如何控制自己的精力,并把它用于有益的目的,但这

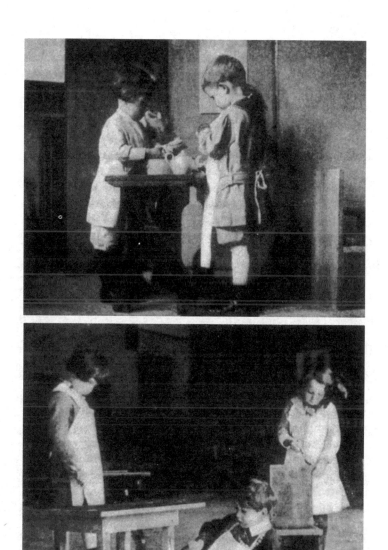

学习在典型的社会生活环境中生存(纽约市师范学院)

样的精力在普通的课堂上只不过用来制造麻烦。除非学生去做一些真正的工作，从而通过感官和肌肉的运动来锻炼大脑，否则，教师便不可能放弃通常在处理纪律问题时所采用的种种方法。这是因为，如果教师上课的时候不停地讲，学生被动地听讲，然后回答问题，那么，允许学生爱待在哪里就待在哪里，四处活动，或者相互说话，这就很荒唐了。在教师的角色已转变为帮助者和观察者的地方，在每个儿童的发展成为教育目标的地方，自由是必要的。这就好比在儿童只能死记硬背的地方，要求儿童安静同样是必要的一样。

有些学校把自由作为儿童完成功课的必要条件。关于这类学校，目前讨论得最多的，就是意大利蒙台梭利夫人学校及其门生在我国开办的那些学校。蒙台梭利夫人以及我国的许多教育家认为，如果教师想了解每个学生的需求和能力，如果儿童要在学校接受全面的培训，从而使自己的头脑、性格和体格都得到最佳的发展，那么，儿童在课堂上就必须得到自由。一般而言，她坚持给儿童这种自由——这种自由构成了她的教育方法的基础，其理由与前面所勾勒的是一致的，只是有一点不一样。她认为，要创造科学的教育，就必须给儿童自由，因为没有自由，教育原理的基础材料便无法采集；此外，学生的身体健康离不开自由，要培养学生的独立性，使其形成最佳的性格，也离不开自由。这位意大利教育家与我国大多数改革者的不同之处，在于对使用教具和自由的价值看法不一。关于这一点,容我们后面再议。

蒙台梭利夫人相信,学校压抑儿童的身体活动,教给儿童被动思维和驯化思维,这是对学校职能的误解,实际上对儿童造成了伤害。科学的教育不仅需要给儿童自由,以便他们采集材料;而且,自由本身就是科学教育的基础。"自由即活动",蒙台梭利夫人在其名为《蒙台梭利法》(*The Montessori Method*)的书中写道。活动是生活的基础,因此,训练儿童移动步法,活动身体,就是在训练他们如何生活,这才是学校的职责。自由的目标是最大限度地有利于整个团体,这就是给儿童自由的目的。凡是不利于这个目标的,都应该受到抑制;同时,必须万分注意,要用有效的方式培养每一个行为。要尽可能给学生提供最大的范围来从事这种有用的活动,为此,课堂上要允许他们有大量的自由。他们可以四处活动,互相说话,随心所欲地安排桌椅。更重要的一点是,每个学生可以选择自己要做什么事,可以根据自己的意愿来决定做一件事的时间长短。她说:"在我看来,这样的教室才是真正具有良好纪律的教室:儿童可以在里面活动,自愿做一些智力活动,但又不做出任何粗鲁或者粗野的动作。"概括地说,纪律就是独立做事的能力,纪律并不是压服。

积极的纪律允许学生有自由的空间,去做有用的事,而不是去抑制儿童自发的冲动。为了建立这样的纪律,必须摈弃通常维持纪律的种种方法,设计一种新的方法,强调纪律积极的

一面,而不是消极一面。对于这种方法,蒙台梭利是这样描述的:

> 至于惩罚,我们经常碰到这样的情形:有的儿童干扰了别人,我们进行了批评,可他却根本不听;于是,把他送到医院检查。检查结果证明,这是一个正常的儿童。于是,我们在教室的一个角落摆一张课桌,把他安置在那里,让他坐到一把舒舒服服的小扶手椅上去。这样,把孩子隔离起来,让他看看其他同学是如何学习的,同时给他一些最能吸引他的游戏用具和玩具。这种隔离可以让孩子安静下来,而且几乎屡试不爽;从他的位置,他可以看到全班同学,观察同学们怎样做功课。这种直观教学比老师可能用的任何言语都要有效得多。他会慢慢发现,加入到眼前忙着做功课的同伴当中去有好处,并且真切期望回到同伴当中去学习。

教师首先采取的更正行为,绝不是以批评的形式展开的;教师悄悄地告诉那个孩子,说他做的事不礼貌,影响了别的同学,然后告诉他应该如何做才能变成一个讨人喜欢的同学,或者把他的注意力引到一件事情上。孩子们按自己的选择做事,而且自己想做,做的过程中可能会走动、讲话,以免疲倦和紧张,因此,任何"惩罚"都是没有必要的。除了因真正犯错误而受到隔离的那种情况，比如上述引文中蒙台梭利提到的那种，我们去她的一所学校参观，发现惩戒的纪律在学校用得很少。教师纠正的学生行为，几乎都是举止方面的小问题或者粗心大意等。

建立在自由基础之上的活动是蒙台梭利学校的指导原则，儿童的活动集中在两种活动上。蒙台梭利相信，儿童需要日常生活的实践活动，例如应该教会他如何照料自己、满足自己。有一种活动就是针对这个目的的。蒙台梭利相信，儿童具有天生的禀赋，应该得到充分的发展，因此，另一种活动就是为了充分表现这些禀赋而设计的。在这两种活动中，她认为，最重要的是为培养儿童的内在潜力而开展的活动。儿童必须了解如何调整自己适应环境，才能变得独立和快乐。如果儿童的禀赋没有得到完全的发展，他的生活也就不可能得到完美的发展。因此，教育的真正目的，乃是为儿童生活的正常展开提供积极的帮助。蒙台梭利夫人认为，儿童发展的这两条路线各不相同，因此，锻炼实际生活能力并不能发挥旨在训练儿童的禀赋及感官之运用的功能。

人们设计锻炼实际生活能力的方法，是为了教会学生独立自主，满足自己的需求，用技能和良好的行为来表现日常生活的举止。学生一旦用完教室，就会整理打扫教室，复原桌椅，收拾每一块材料。在搞活动的时候，学生们全靠自己动手，把要用的东西搬出来，寻找适合的地方搞活动，随心所欲地使用活动的用具；一旦使用完毕，又会把用具收拾好。有些学校并不提供寄宿，只是提供午餐。除了烹饪之外，摆餐桌、端饭菜、收拾餐桌、洗盘子等事务均由孩子们承担。所有儿童不论年龄大小，都要共同承担。3—4岁的儿童很快便学会端盘子，拿杯子，传送饭菜。这些学校只要有可能，都开出一块儿童喜爱的园子，养一些有用的宠物，比如母鸡、小鸡或者鸽子之类。其至年龄最小的孩子也自己穿外衣，把围裙和便鞋扣上或者解开；如果自己做不了，就互相帮助。蒙台梭利非常强调尽早让学生学会照料自己的必要性。为了帮助年龄最小的儿童学好这一课，她设计了几种装置，好让他们去实践，最终学会照料自己。这些装置是一个个的木框，木框绷着一块布，布的中央开了个口，口的边缘有纽扣、钩、扣眼或者丝带等，供学生做练习。他们可以根据情况，把开口解开、扣上、钩上、系上。

蒙台梭利学校把这些装置看作是沟通两类应用型练习的桥梁。这些装置标志着教育原则的转变，即从大多数教育改革者普遍使用的原则转向与蒙台梭利夫人所设计的方法具体联系的原则。对于这种方法的理解，我们可以从她的第一部著作的这段话中找到线索：

> 只有采用一种实验的教学方法，才能毋庸置疑地把感官训练摆在最突出的位置……我的方法是用教具来做一个教学法的实验，然后观察儿童的自然反应……对于幼儿，我们必须从试验入手，必须选择儿童感兴趣的教学用

具……不过,我相信,我已经挑选了能代表满足实际感官教育最低要求的教具。

　　蒙台梭利夫人的教师生涯始于医院,她在塞甘①曾经工作过的几家医院给有缺陷的儿童当老师。开始,她教正常的儿童。后来,她把有缺陷的学生使用过的教具拿来做实验,这是顺理成章的事。同样,在有缺陷的学生身上行之有效的许多教具,也适用于智力中等的学童。普通学校的方法用于有缺陷儿童时,如果进度放慢一些、耐心一些,就会取得成功。同样,蒙台梭利夫人发现,过去仅仅用来教有缺陷儿童的许多装置用在普通儿童的身上,取得了显著的成功,只不过用的时候速度要加快,自由度要大一些。因此,她的"教材"包括许多通常用来开发有缺陷儿童的感知意识的东西。不过,使用这些教具时,并不完全依照固定的顺序,也不需要在教师的指导下进行;相反,要允许正常的儿童完全自由地使用这些教具,这是因为,在这里,教具不再是用来唤醒尚待开发的能力的手段,而是用来锻炼儿童不断控制所有日常行为的能力,以便能够越来越准确和娴熟地控制自己的行为。

　　这种开发儿童脑力的特殊练习,是为了训练鉴别与比较的

──────────

① 爱德华·塞甘(Edouard Séguin, 1812—1880),法裔美国精神病医生,为智力严重迟缓的儿童首创了现代教育方法。其主要著作有《白痴的精神治疗、卫生及教育》、《白痴及其心理治疗法》等。——译者

能力。采用自行设计的装置，几乎可以锻炼所有的感觉器官，锻炼儿童为了一个目的做一件事情的能力，比如做纽扣架。学生不必按照某种固定的顺序来使用这些教具，也不必在规定的时间里盯着做一件事。对年龄最小的儿童，只让他们做非常简单的练习，除此之外，其他的儿童可以随心所欲地选择做任何事，而且想做多久就做多久。蒙台梭利相信，儿童一旦有了准备，任何练习都会去做。锻炼触觉的教具是最简单的，用一条条粗细不等的砂纸和一块块质地不同的布料铺在一块块小木板上，让孩子们把眼睛蒙起来，然后用手去摩擦砂纸和搓布块，鉴别其中的差异。有一种专门教儿童区别形状和大小的装置，依靠触觉来锻炼目测的能力，非常有益。这种装置使用一些木块，并在上面打了一些孔，孔的直径和深度不同，每一个孔配一个圆柱。儿童把圆柱都抽出来，用手指去感知圆柱和木孔的边缘，然后把圆柱放回恰当的孔里。判断大小的能力还可以通过搭积木的方式来锻炼，给儿童一组由大至小的积木，让他去搭建塔楼；再给他一组积木，让他搭起楼梯。此外，通过各种形状的木昆虫来开发儿童鉴别形式的能力，这些木昆虫原先镶嵌在一块薄板上的一个个孔里，儿童把木昆虫从孔里取下来，用手去感知，然后再把木昆虫归位。之后，老师给儿童各种几何形状，让学生去触摸，同时告诉他们每一种形状的几何名称，触摸一种，说一种，然后让学生用名称来区别这些形状。

木板制作的各种形状也可以用纸板和金属饰板来制作，饰板的中央有一个孔,正好是一种形状。这些东西有一种游戏用得着,这种游戏的玩法是用不同材料制作的东西去搭配相同的形状,或者在纸上画出形状,再用彩笔去填色。

教读写的方法是用触觉来强化学生用眼、耳学到的功课。把砂纸做的 26 个字母贴在一块方纸板上,发给学生。他用手指去摩擦字母,仿佛在写字一样,边摩擦边读出字母。待儿童熟悉了所有字母后才使用活动字母,用活动字母来组成一些单词。用这种方法来学习时,写通常要先于读。儿童拿起铅笔或者粉笔时,由于眼睛和肌肉都熟悉了这些字母的形式,因此可以轻而易举地写出这些字母。

听觉的锻炼是通过两组铃来进行的,一组是固定的,给出音阶;另一组是活动的,便于儿童通过对比固定的音阶来发出自己的音阶。儿童们玩的几种游戏要求他们尽可能保持安静,表演简单的动作,小声发出老师给的指令。还有一些拨浪鼓,里面装着沙子、砾石和谷物,让儿童通过声音来猜猜摇的是哪个鼓。对色彩感的培养,同样是通过特别设计的装置来进行的。这是一些缠绕着彩色丝绸的小木牌,各种颜色和色度都有,可以根据学生的年龄和技能程度按照不同的方法来使用。年龄最小的儿童学会辨别两三种颜色,区别色度深浅。年龄大一些的儿童熟悉了各种颜色,掌握足够的操控技能,所以能够看一眼小木牌,然后走到教室的另一边,按照老师的要求拿来一个颜色和色度完全相符的或者颜色相同、色度稍深或者稍浅的木牌。

学校给儿童大量的时间和做自由体操的器材,让学生做游戏,跑跑跳跳,从而达到锻炼肌肉的目的。同时,儿童要操纵训练感官的装置,可以持续锻炼更精确地协调肌肉。通过练习单词和音节的发音来训练儿童的言语能力。教读写的同时,教授数的基本概念。除了用砂纸和无色纸板做的数字之外,还有一系列木条,长短不一,最短的 1 厘米,最长的 10 厘米,供儿童在学习 1 到 10 的数的组合时与数字联系起来使用。

上面对教具的描述只是一个大概,十分简略。对于许多常用的和不太常用的装置,这里的描述难免挂一漏万,不过足以说明儿童功课的性质与目的。对于那些特别钟爱的教具,学生们操控起来技巧娴熟,效果显著,四五岁的儿童轻而易举就学会了写字。事实上,蒙台梭利夫人相信,智力中等的儿童能够接受许多过去通常要等到六年级才学习的概念,因为这些概念六年级时学起来要更加容易一些。她还相信,这样的教学体系让学生有备而动,因而不仅结果更完美,而且可以为儿童今后的学习节省大量的时间。

学校设计的每一件教具,使儿童通过一套固定的动作,专门训练某一特定的感官。因此,如果因为自由会随心所欲而引起混乱的话,这种方法必定会有它非常严格之处。儿童使用教具时,是有自由的。前面已经对学生的课堂自由进行了描述,教师的角色必须与这种自由一致。教师所接受的培训使她不会去干涉儿童任何自发的活动,也不会人为地强迫儿童把注意力放在什么上面。如果儿童出于自愿转而操控某一个装置,教师会教他正确使用的方法;或者在罕见的情况下,如果看起来学生倾向于过分专注于一件东西,那么,教师可能会努力把他的注意力引向不同的活动。不过,假定教师的努力失败,他也绝不会固执己见。事实上,教师绝不会以任何方式让儿童去关注自己的弱点和失败之处,也不会去唤醒儿童大脑里任何消极的联想。蒙台梭利夫人说:

> 如果他(儿童)犯了一个错误,老师不要去纠正他,而应该当即中断上课的内容,换一天再接着上。为什么要去纠正他呢? 如果孩子没有成功地将一个名称与一个物体联系起来,成功的唯一方式就是重复那个感官刺激的动作和那个名称,换言之,就是重复课中的这个部分。但是,既然孩子已经失败了,我们应该明白,我们期望在他身上诱发那种物理的联想,可此刻他并没有为此做好准备,所以,我们必须另找时间。如果我们一定要纠正,对他说:"不对,你错了。"那么,这些话就会以一种责备的形式对他产生打击,其强度超过任何其他的方式,而且会一直留在他的脑海里,对他学习那些名称造成延迟。相反,在儿童犯了错误之后,如果老师保持沉默,儿童的意识里则是清澈透明的;下一次再上课的时候,他就会顺利地接上上一次

课的内容。

教学用具的性质增加了教师角色的简单性和被动性。一旦儿童学习了与装置关联的名称，教师就不再教了。就孩子而言，教师变成一个单纯的观察者，直到孩子准备练习下一个装置。这样的转变缘于蒙台梭利教具的性质，即她所谓的"自我纠正性"。就是说，每一个装置的设计宗旨都是为了让儿童用它只能做一件完整的事，而且假定他犯了错误，装置便无效了。这样不用告诉操控装置的儿童，说他做错了，要如何纠正。如果碰到一个明显的问题，靠他对教具的处理就能把问题解决。儿童自己就教育了自己，因为他看到了自己的错误并纠正了错误。所以，完成的结果很完美，不可能出现部分成功或者部分失败。

以最简单的一件教具——一块有孔木块和与其配合的实心圆柱——为例。圆柱有 10 个，大小都不同，比如就长度而言，每一个与旁边的一个都有四分之一英寸的差异。儿童把所有的圆柱都从木块的孔里抽出来，把圆柱混在一块，然后把它们放回原来的位置。假定他把一个圆柱放入过深的孔里，圆柱就看不见了；如果孔太浅，圆柱又会冒出来；如果每个圆柱都放对了，儿童就会重新看到一个实心的木块。所有几何形状的昆虫具有一模一样的自我纠正作用。就连年龄最小的幼儿都知道，用木框架来练习扣纽扣和系绳时自己是否做得对。儿童用积木来搭建塔楼时,除非按照体积逐渐减小的方式来一块一块往上堆砌,否则便无法搭起一座塔楼;同样,不用相同的原则来操作,楼梯也搭不起来。使用彩色小木牌时,儿童需要做更多的准备。不过,一旦他学会鉴别八种颜色中某一种颜色的八种色度,他便能够把这些色度打乱,然后再按色度的深浅来排列;可如果他弄错了,会发现顺序弄错的色板会显得很不和谐,像个污点。通过一种颜色,一旦他明白其中的道理,就可以独立完成另外的七种颜色了。由于不允许学生只玩一种装置,他的脑子里总想着要完成一套正确的动作;于是,他认为失误就表示事情还没有做完,必须再试一次。蒙台梭利夫人期望,通过其教具的这种自我纠正性来达到这样一个教育目的:引导儿童高度关注自己所玩装置的组成部分之间的差异,就是说,为了达到既定的目标,必须去比较和鉴别两种颜色、两个声音、两个维度等等。感官训练对智力发育所具有的价值,恰恰就在于这种比较之中。儿童用一种装置来锻炼某一特定的官能或者感官,而通过关注事物之间的关系,这个官能或者感官变得灵敏起来。一种知性的感觉之发展,靠的是提高感觉器官的这种比较与鉴别能力,而不是靠教儿童认识各种维度、声音、色彩等等,也不是靠做某些动作时不犯一点错误。蒙台梭利宣称,智力的训练结果把她的教育方法与一般幼儿园的训练方式区分开来。

如前所述,蒙台梭利的方法与美国教育改革者们的观点相左,原因并不是因为两者对自由的价值意见不一,而是因为在关于最有效地利用自由的概念这一问题上各不相让。就身体而言,蒙台梭利班的儿童比本书所讨论的大部分美国教育家班里的儿童更加自由;但就脑力而言,却没有那么自由。儿童可以随意进进出出,可以学习,也可以无所事事、随便讲话,还可以随心所欲、到处走动;活动的目的,是在活动中学习知识技能。每个儿童都通过一件可以自我纠正的教具来学习。儿童并没有获得创造的自由。儿童可以自由选择使用哪一个装置,但却不能选择自己的目标,不能根据自己的计划改变教具的用途,因为教具的用途是限定死的,只能用来做某些事,而且只能按照某种方法来操作。大部分美国的教育家认为,只有使用能给儿童带来现实问题的教具,才能培养儿童正确思维和判断的习惯;只有通过校外的生活体验,才能衡量现实。儿童在适应自己所生活的世界的过程中,要与人和事物打交道,因此必须学习两件大事:身体的调节和大脑的调节,前者指控制身体的能力,后者是一种洞察事物之间关系的能力、透过表面看本质的能力,看出单个事物与群体之间的意义。一位美国中学教师说:"确保儿童学到这两种调节能力的最佳途径,是给儿童提供更加真实一些的环境,这些环境代表了他们在校外必须应对的那些环境。"

在校外的环境中,儿童必须按照自己的需求不断地改变物质的东西,并要不断地达到他人的要求,因为他要与别人生活在一起。如果他和别人要成功地做到这一点,他就必须学会看清事物的本来面目,必须能依靠自己的感官来正确理解事物对于他的意义,理解他人对于他这个社会一员的意义。因此,学校必须给予学生面对问题、解决问题的自由,这种自由足以等同于他在校外的环境中面对问题、解决问题时所拥有的自由。然而,蒙台梭利夫人却相信,儿童可以在非典型社会生活的环境中学到生活的技能;她相信,通过营造环境,锻炼某些特定的官能,可以培养儿童的鉴别和比较能力。

观点上的这种分歧,演变为如何看待人的智力性质的分歧。与老一代心理学家一样,蒙台梭利相信,人大生具有一些现成的能力,可以对之进行训练和培养,然后推广应用,不管这种训练除了训练之目的外还有什么意义。儿童天生具有一些能力,但尚未开发;不过,通过恰当的应用,可以使之充分展现,然后便能够随心所欲地运用。最新的心理学理论则认为,离开使用的工具,离开为达到特定的目的而制作的物件,便不可能掌握技能。对于这种理论,本国的大多数教育家都表示认同。如果一种练习能使儿童区分抽象的性质,但又不问事物本身是什么,比如长度和色彩,那么,它可能会让儿童掌握完成某种特殊练习的技巧,却不一定能保证在真实的生活环境中碰到类似性质时能成功应对。从整体上训练比较与鉴别的能力,才能使其放之四海而皆准。但是,儿童在这方面的训练却少之又少。儿童并非天生具有现成的能力,只待去实现;相反,儿童天生具

学生模拟校外的情形来解决学校的问题（芝加哥弗朗西斯·帕克学校）

有一些特殊的行为冲动,只有通过运用才能得到开发。运用这些冲动是为了保存并完善社会及物质条件下的生命,因为生命的延续依赖于这个条件。

在美国,实施进步教育的学校通常没有给予儿童那么多自由,让他们在课堂上随意走动,或者在做功课时随意选择时间。这些学校之所以没有这么做,并不是因为对于自由价值的信念不足。相反,这些学校把重点放到了更大的自由之上,让儿童在代表典型生活的环境中运用并检验感官和判断力。由于这些环境是社会性的,要求儿童必须为共同的追求更加紧密地团结起来一块工作;也正是因为这种社会性,允许并要求教师提供帮助,正如一个人在处理日常生活事务时争取帮助一样。不要把他人的帮助看成是对自由的侵犯因而害怕帮助,相反,应该害怕的是这样一种帮助:它在选择和改变教具用途方面限制了儿童自主运用智力的能力,结果儿童无法形成目标,无法运用天赋,无法发挥其首创精神和发明精神。在美国的教师看来,为了进行共同的活动,必然要求儿童与他人合作;与之相比,把教具局限于锻炼某一个别官能的做法,对自由会造成更大的限制,因为后一种做法所需的环境在实际生活中并不存在。理想的目标是:儿童不仅应该学会在别人实现目标的过程中不要进行干涉,而且应该学会用一种明智的方式与其他人进行合作。因此,教具的范围不应该局限于训练单一感官的比较与鉴别能力(幼儿目前还不能开展合作性活动,而且他的主要任务是掌握和运用器官的能力,这正是该训练的主要理由)[①],而应该提供足够多的训练,以便应对更多的典型问题。因为在实际的日常生活环境中,必须运用这种比较与鉴别的能力,才能解决问题。为了实际的用途,学生确实能够有所创造。为了了解校外生活中的活动和用具,也需要训练几个孩子干同一件事情,并且是连续地干同一件事情。

蒙台梭利认为,人天生具有一些能力,经过专门设计的特殊训练,便能推广应用,而且该训练得到的结果不应该仅仅发挥次要作用。虽然在是否存在这种能力的问题上,本国的教育家与蒙台梭利存在分歧;但是,他们仍然欢迎她为了确保这种程度的课堂自由所作出的努力,因为促使教师去熟悉儿童的真实能力和兴趣的正是这种自由,而且它为提出科学的教育方法所需的材料提供了保障。她提出,违反自然的限制条件使教师无法真正地了解自己所用的教具,结果教学只能局限于对传统过程的重复。关于这一点,我国的教育家很钦佩她的说服力。她坚持认为,触觉与肌肉运动相关,因此是学习读写的一个因素。我国的教育家把这种观点看成是对基础授课技术的一个真正的贡献。任何真正的教育都离不开自由,在传播这种自由准则的过程中,它是最重要的因素。

---

① 很有意义的是,许多用这种装置进行实验的人认为,其价值对于3—4岁的幼儿最大。

人们越来越广泛地理解知识自由以及道德自由的意义,伴随着纪律的那种消极思想和思想压制逐渐破裂,教师运用自己的能力去进行观察和实验时面临的主要障碍将会消失。教师们对儿童的幸福成长满怀同情,兴趣盎然,这种兴趣将越来越带有科学的色彩。这就要求个人去进行观察、思考和实验。学习与动手相结合的教育将取代灌输式教育。不论灌输式教育如何适应封建社会,在此基础上开展的教育与一个民主社会是格格不入的。封建社会期望绝大部分人对上级的权威不断地表现顺从,而民主社会的准则是创造性和独立性,每个公民都应该参与管理共同利益相关的事务。今天,我们广泛地认同教育自由的理想,这表明民主精神的发展是多么的广泛,而把这个理想唱得最为嘹亮的是意大利人。

第七章 学校与社区的关系

从根本上说，工作的性质是社会性的，因为人们从事各行各业的工作是为了满足人的需要，达到人的目的。这些需要和目的关涉着维持人与事物及人与人的种种关系，这些关系组成了我们生活的这个世界。即便是与维持生命有关的行为，也要安排得当，才能适应一种社会结构。这种社会结构能够修正人的一切行为和思想，它的一切都依赖于人们共同完成工作的能力。倘若工作完成得好，社会就能够达到平衡、快乐、繁荣。没有这些职业，文明便不可能延续。各项工作从根本上看，就是社会生活，即人类生活。既然每个人都必须学会适应他人以及整个社会，社会教育便应运而生。然而，这种教育一旦受制于环境，尽管很必要，却是危险而片面的。我们送孩子上学，理应让他们系统地学习构成生活的各行各业的知识；可是，从教学方法和教学内容上看，学校在很大程度上忽视了生活的社会基础。学校并没有把教学集中在事物的具体方面——人际方面，而把重点放在了抽象方面。结果，教学变得很学术，变得脱离社会。教学不再与从事各行各业的群体有关，变得很孤立、很自私、很自我。教学的基础是一种早已脱离现实的社会观念，也就是人不为己、天诛地灭的观念，然而，流行这种观念的社会一百年前便不复存在了。普通学校的课程忽视了今天这个科学民主的社会，忽视了这个社会的需求和理想，还在继续教育儿童个人奋斗以适应生存，只不过增加了一些供个人享受的知识"文化"，把个人奋斗变得温和了一点。

我们国家的学校创立于我们的先驱创业的时代。在那个时代，地广人稀，人口分散，机会无限，尚待发掘。先驱们自力更生，抓住机遇，利用大自然的资源获得了成功。他们独自生活，只为自己活着；并不依靠别人的关系，因为地大物博，人口稀少；社区生活没有形成组织，没有传统，也没有什么制度。国家的幸福依赖于"出人头地"这个学说的传播，所以人人为己。于是，新学校必定要反映这种理想，必定要通过教学来提供教训，这太自然不过了。我们的早期定居者来自具有文化和"学问"传统的国家，自然指望学校保持这些移植过来的理想，以便与自然抗争。对于他们而言，文化并非是指儿童所有能力的和谐发展，而是指储存历史事实，获取过去的知识和文献。同样，学习并不意味着去发现周围的事物，也不意味着去发现世界其他地方所发生的事情，而是指温习过去的成就，学会阅读业已死亡的语言，而且所学的语言死得越早，"学问"的名声也就越大。因此，学校开设课程的主要目的是让学生把目光转向往昔，只有从过去才能发现值得学习的东西，才能发现审美与知识进步的精华。"三要素"的知识，再加上一点"精明"，这就是儿童跨入社会所需的装备，就是儿童开始在世界上出人头地所需要的全部准备。儿童一旦有了这个装备，学校便转移重心，开始为他传授文化知识。

不论这种文化对于个人如何有趣，如何具有启迪的作用，显而易见，公立学校的头等大事是教会儿童如何在世界上生活,是让儿童明白自己在世界上的责任,并在适应世界的过程中有一个良好的开端。只有在这些方面取得成功,才能有培养纯知识爱好的时间或者愿望。

公立学校从唤醒自由和民主的精神入手。越来越多的人认识到,如果科学知识能迅速改变整个社会及其行业发展,而这些知识却只被极少数人完全控制,那么,人们便不可能获得均等的机会。于是,这类大众学校开办之际,在课程设置和组织方面自然向业已存在的老学校求助。然而,老学校的办学目的并不是为所有人提供平等的机会,恰恰相反,是为了在阶级之间划出一条更加明显的界线,为了给有闲及有钱的阶级一些别人得不到的东西,为了满足他们与众不同的欲望,为了给他们找一些可做的事。

人们祖祖辈辈生活在同一个地方,在同样的条件下干着同样的事。他们的世界太狭小,所以在学校教育的教材内容方面,似乎不可能有多少贡献,能够奉献的也主要是对生计的关注。可是,这种老学校却是为那些无需养家糊口的人而设立的,这些人期望有所作为,期望变得有教养,在社交方面引人注目,因此其教材是抽象的、刻意脱离具体的、有用的知识。文化与教育的理想,过去完全建立在贵族及有闲阶级的利益和需求的基础之上。令人诧异的是,这种状况至今依旧未变。既然有了这样一种现成的文化理想,公立教育的先驱们自然会复制以这种理想为办学宗旨的学校的全部课程,甚至在今天,当办学宗旨是为所有人提供一个平等就业和进入社会的机会的时候，情况依然没有改变。从一开始，我国公立学校的课程内容反映的，便是正在迅速消亡的社会条件，即依赖于贵族阶级的封建社会所提出的教育理想。

科学应用于工业所带来的社会巨变，加上导致法国大革命和 1848 年欧洲革命的那些变化，几乎重构了文明的所有制度，造成了人的大量死亡，也催生了更多的生命。这种变革的一个结果便是诞生了大众教育，同时，随之又诞生了公立学校。然而，公立学校的形式并不适应新的条件，只是复制了旧学校的内容，因此学校为适应新社会的重塑过程仍在持续，而且人们对此才开始有所意识。民主社会把繁荣与福利建立在科学应用之上，因此便不可能期望卓有成效地应用极权社会的教育体系，因为后者是为统治阶级而发展起来的，而且极权社会使用人力仅仅是为统治阶级的产业和财富服务。对于这样的学校，对于正在起步的商业培训及工业培训，人们越来越不满意。这是对于抱残守缺的抗议，而抗议是创立新教育的先声。新教育根植于儿童所生活的这个世界，因此将真正给每个人一个平等的机会。

学校如果要反映现代社会，就必须从三个方面改变旧式学校：第一是教学内容，第二是教学方法，第三是学习方法。改变教学内容，并非只是更换名字。读、写、算、地理总是必要的，但其中的实质内容要有很大的改变和增加。首先，现代社会认识到身体的呵护和成长与头脑的发展同等重要,甚至更为重要,因为后者依赖于前者,因此,学校将变成儿童在生理和心理上学习生活的地方。而今,我们同样需要知道如何读、写,才能够应对最简单的日常生活,比如正确地乘坐公交车,避开危险的地方,与我们看不到的人和事件保持联系,换言之,做一切几乎与我们的职业有联系的事情。但是,学校依然把所教授的读、写看成是目的,是单纯的奢侈品,学生学习读、写是为了个人的修养。地理课也存在同样的问题:学生学习国界、人口、河流的知识,仿佛就是为了储存大家不可能知晓的事实。然而,在一个铁路、蒸汽船、报纸、电报等已把全世界变成了邻居的社会,在一个自给自足之社区已不复存在的社会,这种真正想了解邻居的渴望是显而易见的。换言之,因为机械的使用,我们的环境和我们的习惯发生了变化,结果,我们的世界极大地得到了扩展,变得更加复杂,我们的视野变得如此宽阔,我们的同情心变得如此敏感,以至于一个学校的课程如果不反映这种变化便不可能取得全面的成功。学校的教学内容必须扩大,必须包括社会的新元素和新需求。通过第二和第三方面的必要变化,就能够达到这个目标,同时又不增加学生的负担。

通过科学发现,我们加深了对万物的认识。因此,由于机械的使用和事实的增加,知识的类别变得繁杂、数量剧增,要想掌握哪怕一门学科,几乎都是不可能的。想一想在教授我国地理时的一切有关事实,比如气候和地质方面的事实、人种方面的事实、工业与政治方面的事实、社会与科学方面的事实，我们便开始体会到要传授清单上的事实时所感受到的绝望。地理包含了差不多全部人类的知识和努力。学校课程中其他科目的情况也大致如此。任何一个分支都有大量的事实需要我们处理，仅仅对主要的事实进行分类，看来只是一种权宜之计。因此，教师不应该让学生对课本的事实采取先阅读再背诵的方式，而应该改变教学方法。每个人碰到的事实不胜枚举，但有用的不是对事实的命名而是理解事实的能力，是看清事物之间的关系和相互作用的能力。因此，教师必须从西塞罗式的人物①和独裁者的角色转变为看护者和帮助者的角色。教师在学校看护学生，要确保每一个人的思维及推理能力得到最充分的发展，确保每一个人把读、写、算的课堂当作训练判断和行动能力的手段。这样一来，儿童的角色也应该发生相应的转变，从被动的角色变为主动的角色，从答问者变为提问者，同时变成一个敢于尝试的人。

单纯依靠聆听事实便可理清关系或者得出结论者，总是凤毛麟角。大多数人必须通过眼睛看、动手做，才能明白事物的性状及其意义。因此，教师的角色发生了改变，教师要确保学生获得恰当的材料，确保学生用各种符合实际的方式来使用材

---

① 西塞罗式的人物（cicerone），指像西塞罗一样具备古代文化知识和口才。也可译为"导游"，因为导游需要具备丰富的历史知识和良好的口才。——译者

料。所谓符合实际的方式,代表了实际存在于教室之外的关系与条件。这不过是换一种方式来表达。在一个人人必须自己照顾自己的社会,在一个人人应该拥有个人自由和行动自由的社会,在一个自由可能会伤害他人的社会,很重要的一点就是人人都应该做到行为得体,也就是说,能够正确地照料自己。从社会从自身的生存出发,我们训练儿童,不能阻碍儿童形成准确而迅捷的判断力,否则,不等儿童上学,其判断力的迅捷度与准确性就已变得迟钝了。假定出现这种情形,拖整个社会后腿的无能之辈就会数量大增。种种教条的方法规训了学生,使他们变得驯服和被动,但在现代社会,这些方法不仅无效,而且实际上还阻碍了社会最大限度的发展。

卢梭之后的教育改革者们,都把教育看成是复兴社会的最佳手段。封建时期和近代初期的教育理念均认为,良好的教育能够让你我的孩子高人一等,能够为个体提供又一个武器;有了这个武器,就可以驱使社会为他们的钱包和享乐作出更大的贡献。对于这个理念,教育改革者们一直都在反击。他们相信,之所以要提出种种促进人的各种能力和谐发展的办法,推出最佳的教育,其真正的理由恰好是为了克服这个传统。要达到这个目标,应该使教育社会化,使学校成为积极生活的真实部分,而不是让学校各行其道,闭关自守,故步自封。福禄培尔、裴斯泰洛齐及其追随者一直致力于促进这种社会联系,以便培育每个人的社会精神。不过,他们没有办法把自己的学校变成雏形社会。大众教育的需求依然很小，所以社区不愿意把学校看作是社区的一个组成部分；而决不能把孩子看作小大人的思想还很新奇，因此尚未找到成功应对成群儿童的方法。要把学校变成举足轻重的地方，社区的作用与学校的作用同等重要。如果一个社区把学校视为一个孤立的机构，视为一种必要的惯例，那么哪怕教学方法再精巧，学校也不会发生什么改变。但是，如果一个社区要求学校提供看得见的东西，承认学校为全社区的福利发挥作用，一如承认警察局和消防队一般，如果社区利用好年轻公民的能量和兴趣，而不是在他们准备成为公民之前仅仅控制他们的时间，那么，这样的社区便会拥有社会性的学校；而且，不论社区的资源如何，社区的学校都将具有社区的精神和利益。

对于印第安纳州加里市的公立学校系统，近来出现了大量的评论文章，而且还特别提到了正在制定的学校管理规定的创新特点，有些文章强调了职业培训的种种机会。不过，支撑这些新特点的却是最重要的思想，这就是关于社会与社区的思想。差不多在这个钢铁城市创建之初，教育局长沃特先生便参与创建了这些学校，而且从一开始，他就想把事情办好。他并没有参观过全国最负盛名的那些学校，也没有邀请最棒的学校建筑师，相反，他就待在家里，忘掉其他地方做过的或者没有做过的事情，他努力为加里市创办最杰出的学校。当时他试图回答的问题是：为了把加里市的孩子变成好公民，变成幸福而富

学生从托儿所到中学都待在同一幢楼里（印第安纳州加里市）

庶的人,他们都需要些什么?现有教育经费如何才能满足这些需求?关于这些学校的职业培训稍后再谈,不过,这里可以顺便指出,建立这些学校的目的并不是要培养钢铁公司所需的好工人,也不是为了给工厂节约培训费,而是为了学生参与工作的教育价值。同样,如果认为加里市的这些学校之所以有如此举措,只不过是企图接纳没有希望的移民儿童,然后把他们变成自食其力的移民,或者企图为了满足工人阶级的需求,提供某种培训,那也是错误的看法。

沃特先生无意中当上了美国一个市的教育局长,负责管理成千上万来自各种环境的孩子。他面临的问题是要用某种方式照料孩子们数年,而且让每个孩子毕业时都能够找到工作,还要能胜任各种工作——无论是给机器喂料还是做生意,是照料家务还是坐办公室,或者是教书。他的任务不是为每个人提供工作细节所需的特殊知识,而是要让儿童保持自然兴趣和热情,使每个人能够学会控制自己的大脑和身体,确保他们今后能够自立。我国公立学校为学生确立的目标是:成功做人,做好一个美国公民。学会谋生,就是这个理想的一部分。要使更广泛的培训取得成功,前提自然是学会谋生。达到这个目标的最佳途径是什么?围绕这个问题需要考虑许多因素,譬如每个儿童的个体特点、让谁来教、这些学生所居住的邻里、为学校提供经费的社区。沃特先生充分利用每个因素所起作用的价值来形成总体计划。每个因素都具有促进作用,都是一笔财富,缺少其中一个,其他因素便不可能发挥作用。因此,如果忽视其中任何一个因素,结果都会出现缺陷。

有位批评者一直在监督学校,以确保经费的使用能够最大限度地让孩子们和纳税人受益。他认为,在普通公立学校组建的过程中,粗看起来,浪费是十分惊人的。开学时,学校教学楼里的全部设备、校园以及日常用品等有半天是闲置的,更不用说暑假和周六了。教学楼很昂贵,可是在一大部分时间里却毫无用处。这本身就是一种浪费。想一想城镇公立学校的普通儿童放学后度过时光的方式,想一想他在上学时间所接受的那一点不完整的教育,想到这些,我们开始认识到这种浪费有多么严重。沃特先生决定让加里市的学校全天开放,这样孩子们就不会被迫跑到拥挤的大街角落和小巷里玩耍。在这种地方游荡,给孩子们的健康和道德带来危险。每天有好几个小时的时间,一年有许多个星期,教学楼都是关闭的。于是,他作出决定:为了公共的目的,出资建造这些教学楼的纳税人应该有机会在这段时间内使用学校的建筑设施。因此,加里市的学校开设了夜校、周六班、暑假学期。在学校建筑的维护方面,这种方式比一年只用几个月的做法要昂贵得多,因此必须找到一些办法,可以更经济地管理这些设施。

儿童不可能在课桌前一动不动地坐一天,可是大部分学校的儿童要像这样坐 5 小时。因此,在上学的 8 个小时之内,应该给他们别的事做,让他们忙个不停,保持身体健康。同样大小的教学楼,加里市的学校比其他地方学校的使用率高出一倍,通过这种方式,达到了必要的节俭目的。每幢教学楼供两个学校使用,一个从上午 8 点至下午 3 点,一个从上午 9 点至下午 4 点。每一个学校岔开时间轮流使用常规教室,余下的时间则用来做各种行业的工作,这就是加里市学校的独特之处。这种办法节省下来的足够的资金,正好用来装备车间,支付常规课程之外所设科目任课教师的薪酬,支付额外学期的薪酬。结果,加里市的人们用数额不大的税费办起了学校。这些学校安排了孩子们的时间,为孩子们提供了较多的学习设施,同时为社区的成年人奉献了夜校等特殊课程。目前,在加里市,使用学校教学楼的成人数量超过了孩子们的数量,当然,他们上学的时间要短得多。在每幢教学楼举办复校,每间教室通常要节省一半的费用,这样便得到足够的资金,可以为孩子们在一天 8 小时内安排健康的活动,同时又使学校在晚上、假期和周日得以向成人开放。

　　每幢教学楼都配有体操馆、游泳池和操场,此外还配有体育老师,8 小时内负责照料学生。与别的功课一样,体育训练也是学校常规学习的一部分,除了每个学生的课程里规定的体育课外,学校每天开放操场 2 小时,学生只要喜欢都可以使用。学生不用跑到大街上去玩,相反,他们可以留在学校里,利用学校提供的玩耍机会。大部分体育训练都采用指导使用运动器械的方式。与许多别的地方一样,这里的实验表明,学生对于正规的小组锻炼并不怎么感兴趣，即便做了也是迫不得已，结果益处损失过半。因此，游泳池、网球场和器械基本上取代了体操训练。体育教师确保每个人都得到必要的特别锻炼，防止锻炼缺乏章法和效果。与此同时，除了获得适于自身需要的身体发展之外，每个孩子都有一个健康、愉快的玩耍之地，否则，他们也可以到户外去玩。

上学期间，加里市的学生要保证身体的健康，在其他方面也不能掉队。每个孩子都由一个医生来检查。由于功课的压力，如果学生身体不够健壮，解决的办法不是把他送回家，等到变得健壮以后再回到学校。相反，学校让这个学生留在学校，让他上符合自己身体强度的课程，上课的时间削减到最小，大部分时间花在操场上或者体育馆里，按照医嘱做一些强健身体的必要活动。身体的成长与脑力的成长同等重要，关照孩子的身体，就像关照他在每个年级的学习进步一样。学校在这方面帮助很大：把自己变成了一个小小的社区，为一种正常的、自然的生活提供每一个机会。

学校每天开放8小时，年级教师仅上6小时课，体育指导要8小时在岗。8小时的安排是：4小时在常规教室或者实验室上课，1小时在礼堂，1小时"应用课"或者玩耍；剩下的2小时，孩子们只要愿意，可以使用游戏设施，而且确实要求使用。由于班级轮流上课，不用增加教师。这样，孩子们可以从专业上经过特别训练的任课教师那里受益。每个学校把学生分为若干组,这里的班级比大部分公立学校的小。上午的头两个小时,即8:15至10:15,由一个学校使用教室、工作室、车间、实验室,第一组头一个小时在背诵室,第二个小时在车间;第二组则倒过来,从车间开始。另一个学校头一个小时使用操场,但不强迫出勤,第二个小时一组去礼堂,另一组留在操场上,系统地学习体操,或者上"应用课"。然后,10:15,第一个学校的去礼堂操场上课,第二个学校的则到教室车间里待两小时。一至五年级每天在常规教室上两小时的课,内容包括语文、历史、文学、数学。六至十二年级每天则要上3小时这样的课,多出来的那1小时从游戏和应用课扣除。一至五年级要做1小时的科学实验或者在车间里做职业培训,30分钟上音乐课或者文学课,30分钟上体育课。六至十二年级则要花整整两小时接受职业培训、做科学实验或者上音乐课及绘画课。

根据班级和学校轮流上课的计划,通过用专业教师教授小班的方式,一个教学楼接纳了比寻常多一倍的学生。除职业课的教师外,还有负责教授法语、德语、历史、数学、文学、音乐、美术、自然、科学的教师。两个学校轮流使用教学楼,节省下来的经费收到了额外的功效。每个年级的教室至少有4个班在使用,所以孩子没有固定的课桌来存放自己的东西,但每个人都有一个衣物柜可以放书。上完1小时课,又换教室。教师并不对任何一组学生负责,而是对自己的工作负责;同样,学生也对自己负责。显然,这样的计划要求学生和教师具有一种真正的合作精神,同时还要求有良好的管理。

　　沃特先生相信,正是因为缺乏这个,所以公立学校失去了加里市的学校正在利用的机会。从实用的目的来办好一个大型机构本身就是一项艰难的任务,沃特先生感到,期望校长和视导员[①]一方面要贯彻教育计划,另一方面要经营,这使他们受到了极大的限制。他相信,校长或者视导员应该既是公司经理,又是学校或者城市的行政管理官员。学校的教育政策、计划、方法应该由不承担具体行政管理事务的专家来用心推行。不应该任命这些起督导作用的教育工作者去负责学区的工作,而应该任命他们去负责各个科目,并不时地把他们的办公室从一个学校搬到另一个学校。这样,他们才能实际接触自己所负责科目的所有工作,同时不会出现某个学校偏科的情况。视导员应在其办公室所在的学校担当一段时间的校长,全体视导员应为所有学校安排课程。加里市的学校太少,还不能完成这样的计划。不过,现有的机构显示了同样开阔的胸怀和愿望,要与学校里面的教师合作,包括新上任的助理和局长,都要实现他们所有工作的价值。

　　在纪律、社会生活、课程等方面,加里市的学校正尽其所能与教会和家庭合作,用好每一笔资金,发挥社区的作用,达到最

---

① 视导员(Supervisor),是美国学区或者公立学校负责指导教师备课的人。——译者

佳的教育目的。就纪律方面而言，学校是一个小社会，而且是一个民主社会，里面的功课安排良好，孩子们都想上学，因此没有必要让逃学查处官去打扰他们，或者摆出一副严厉的权威架势吓唬他们。一旦到了学校，他们感觉如同在家里一样，对学习怀着同样的兴趣和责任。每个孩子都知道别的孩子和别的班级在做什么，因为他们经常在衣帽间碰面，或者下课交换教室时在过道上碰面。学校礼堂、参观班级的制度，以及由学生维修和制作学校设备的做法，都是创造那种流行于学生中的精神的一些重要因素。每个学校都有一个由学生选举产生的学生委员会，专门维护全体学生的利益和教学楼的秩序。校医通过学校的印刷所、语文课、礼堂活动来展开卫生教育运动。孩子们对这些怀着浓厚的兴趣，干得很努力。结果，学龄前儿童中患传染病的百分比高于上学的儿童，尽管后者传染的概率应该比前者高。学校当局并没有简单地强制执行卫生法，而只是告诉孩子们什么是卫生法、为什么要制定卫生法、卫生法又怎样有助于降低传染病和各种疾病。上化学课和烹饪课时，教师教给学生关于病菌和生理学的足够知识，好让他们理解传染病和脏东西是什么意思。结果，孩子们自己采取各种措施预防疾病。班里的同学生病时，他们确保检疫得到强制执行，并通知校医。

这些学校用同样的方式展开了纯净牛奶的运动。学生把家里的牛奶拿来做化验，并且在发现污染物时监督家长采取措施。一场灭蝇运动一直在进行，而且得到孩子们的切实响应。在卫生问题上，这些学校不仅把自己当作整个社区的一部分来尽义务，而且充当了卫生委员会的助手，消除城里医生的偏见和恐惧；在新移民居住社区，偏见和恐惧是很常见的，所以很难控制疾病，也很难去关照学校的孩子。一旦城市的医生得到孩子们的合作和谅解，处理学生所患的腺样增生或者眼疾就不是难事了。即便家长不明白，孩子们也明白为什么必须采取这些措施，而且他们会确保不让父母干涉，并让父母提供一些帮助。

在拥有外来人口的工业社区，公立学校面临的另一个困难是：在孩子们到达应该离校的法定年龄后，继续把他们留在学校。加里市的学校着手解决这个问题，就像解决公共卫生问题一样，但解决问题的方式不是靠制定更多的规则，不是靠强制措施，而是让孩子们提供帮助，把学校变成一个对每个人都明显有用的所在，从而让孩子们自愿留下来。加里市没有"中学"！学生从进幼儿园的那天起，到准备上大学或者进公司或者进工厂，都在同一幢教学楼里。上完八年级，学校不举行毕业典礼，也不颁发文凭。学生进入九年级后，课程就不同于过去的计划安排，否则无法让孩子相信可以满足自己的需求，也无法让他们相信从现在开始学到的不再是花里胡哨的奢侈玩意。老师并没有调换。教历史、语文、文学的，还是原来的老师；在车间里，学生学的东西还是同样的，只不过现在是全面地学习罢了。学生并没有怀着恐惧去期待最后 4 年的学习（因为这通常是对无用的苦读的恐惧），相反，他们把它视为自己学校生活的继续，并且随着年龄的增长，一年比一年更加刻苦。尤其是，他们把这段时期看作是接受培训的机会，而且看到了培训的直接价值。学校用来说服学生留在学校的理由很实际，很有说服力，都是学生看得见的东西。学校的印刷所不时印一些公告，向学生及家长解释加里市的学校用普通教育和特殊培训的方式所提供的机会。公告提供有关不同工作行业的就业统计信息，用数字向男女学生表示中学毕业生的相对职位和工资情况，以及那些14岁的离校生参加工作1—2年甚至10年后的相对职位和工资情况。公司会派人到学校给学生们讲解，宣讲公司为毕业生和非毕业生提供何种机会，以及公司为何需要受过更好教育的雇员。加里市的学校保存学生的学习情况统计，也向学生展示。通常在八年级和高中之间出现的那种突变，在这些学校里并不存在，因此，家长认为没有必要把孩子从学校领走。他们发现自己为了把孩子留在学校所做的牺牲，还可以再持续几年。如果孩子留在学校比离开学校更能学好一门手艺，如果孩子渴望留在学校，并且对于未来有着明确的计划，那么，即便是最贫穷的家长，也不愿意影响孩子的发展。众所周知，在大城市，学生14岁离校的比例是惊人的，普遍的理由是父母需要孩子在收入方面有所帮助，但真正的原因是学生本人对学校不感兴趣。对于"你为何离开学校"这个问题，孩子们几乎一成不变的回答是："因为我不喜欢学校。"这个事实加上家庭贫穷，足以让他们一有机会便离开学校。给孩子提供有趣而有价值的活动，给他玩耍的机会，他就会迅速忘却对学校的厌恶感。

普通公立学校那种死板的运作方式往往会把学生推出学校，而不是留住他们。课程不适合学生，而且如果不打乱学校的整个组织，便无法让课程适应于学生。一个失败使学生在学习上受到挫折，他很快就会感到自己是否努力并不重要，因为学校机构运转的速度是一样的，并不会顾及学生的个体差异和学习差异。几乎可以肯定地说，这种不感兴趣或者厌恶感产生的原因是由于学生感到自己的学习无法引起别人的关注，感到他为之付出努力的机器根本没有受到什么影响，机器的运转也不取决于他付出的努力。在加里市，学校组织的运转方式适合每一个孩子，而且足够灵活，即便是最困难的学生都不能打乱其运转。孩子们与学校共同进步。在前面的段落，我们解释过复校二部制运转的方式，以便个体可以在任何一个科目上多花时间或者少花时间，或者完全退出。身体差的学生，在操场上花的时间多一些；而算术或者地理差的孩子，两部的算术课和地理课，他都可以去上，甚至可以到低一年级去上课。同一幢教学楼里，数百名孩子都可以对学习计划进行同样的改变，而且不会影响井然有序的学校常规管理。如果一个学生在学习科目中有一科比其他科强，他可以到更高一年级去听这门课。对学校失去兴趣或者大部分学习落后的学生，或者一开始就嚷

自始至终由专门的教师教授特殊的科目（印第安纳州加里市）

着要离开学校的学生,并不会因此受到降级的惩罚。他的任课教师会发现他擅长什么,然后给他大量的时间去做他擅长的事,让他在其中进步,这样便激发了他学习的兴趣。如果后来他醒悟过来,对学校常规课程产生兴趣,那就更好。学校会为他提供各种设施,让他的各科都赶上同年级的同学。如果这种觉悟没有出现,学校仍然将这个学生(无论男女)留在学校,直至学会一样东西——也许是一样最适合他能力的东西,而不是让他离开学校,也不让他每一科都留级,否则,他擅长的那种能力也将丧失殆尽,自我感觉完全失败,结果是,他既没有接受培训,也没有得到因成功而获得的那种道德激励。

学校的课程计划每两个月调整一次。每逢调整时,学生可以全盘改变自己的计划,用不着非得把太难或者太易或者安排不恰当的科目痛苦地学半年。为了便于管理,学校仍分年级,但学生的划分并非按照年级的数字来进行,而是按照"快班"、"普通班"、"慢班"学习者来划分。快班的学生大约在 16 岁完成 12 年的学校教育,普通班的要到 18 岁,慢班的学生则要到20 岁。这种分类没有描述学业的质量。慢班学习者比快班学习者可能成为更缜密的学习者。这种分类不是为了区分学习者的能力,而是为了利用儿童自然生长的规律,使其学习与生长可以同步。快班的孩子尽可能快地从一个年级跨到另一个年级,而不是拖他的后腿,等他失去学习的动力。慢班的学生则不能拔苗助长。这种灵活的体系真的奏效吗? 或者说,它只能产生松松垮垮、随随便便的教育吗？我们只要到这些学校去参观一番，便会发现：学生在刻苦地学习，每个人都对自己一天的活动负责。最终，我们确实信服了，因为孩子们很快乐，对学习也很感兴趣。此外，我们查阅了学校的记录，从教师和教育者的观点看，答案更加积极有利。在加里市所有年满13岁的学龄孩子中，57％在念七年级或者更高的年级。这个结果比大多数工业社区要好，这意味着加里市的学生绝大多数与准备上大学的普通学生一样，能够以同样的进度念完中学。更突出的一点，是从加里市的学校毕业后进入更高一级的学校或者大学的学生数字。在加里市的学校学了8年后毕业的学生，有三分之一目前在州立大学念书，比如工学院、商学院。如果我们回忆一下，加里市的人口主要由钢铁厂的工人构成，而且60％是外国移民，拿这个与国内通常招收移民第二代的学校的历史比较一下，我们便会知道，沃特先生多么成功地创建了一个满足学生需求的教育体系。当地的居民很喜欢这个教育体系，希望继续学习，接受教育，而不是仅仅满足于基本的教育。

这种变化背离了常规课程，而这种变化背后的动机一向都是社会性的。沃特坚信，如果恰当地强调学校的社会性目标，教学方法自然会跟上。公立学校必须研究学生的需要和品质，必须研究社区的需要，以及社区为学校的福利所贡献的机会。我们看到儿童的体育生活和社区卫生如何融入学校的课程，这样，学校的课程变得更有意思，而且有利于社区居民。学校的学习与社区的其他利益和日常生活问题之间,同样存在这种紧密的联系。教学利用了孩子们的每一个社会本能,没有把每个年级孤立起来,也没有把年龄小的儿童与年龄大的分开,两者尽可能地组合在一起。低年级使用实验室和车间,但如果高中的学生不利用同一幢教学楼里的实验室和车间来进行技术培训,低年级的这份奢侈是没有保证的。他们一开始上科学课和手工训练,就使用这些实验室和车间;而且在高年级同学使用的时候,他们还当助手或者观众。于是,四、五年级的学生到车间、工作室、实验室去给七年级、八年级、九年级的学生当助手。

因为要关照低年级的同学,高年级的同学学会了责任与合作;而低年级的同学因为要当助手,要观察,要向高年级的同学提问,他们围绕有关科目所学的知识量是惊人的。高年级与低年级都会了解学校发生的事,由此产生了一种很好的伙伴关系。同时,低年级同学增加了学习兴趣,找到了留在学校的理由。只要可行,高年级学生的学习成果用到了低年级的教学里。绘画课上制作的地图和图表,用到了低一级的自然课或者地理课上。印刷所给全校制作拼写清单和问题清单。在卫生运动中,校医请上艺术和语文课的学生帮助制作招贴和宣传手册。学校的大厅里挂着各种展现学校活动的通知,挂着特别优秀有趣的绘画或者地图,还有关于各个车间都在制作什么的消息,或者是关于全校应该看到或者了解的事务信息。

另一个制造公共舆论的重要场所是学校礼堂。每个学生每天都要在里面活动 1 小时，有时候是合唱，有时候是聆听高年级介绍一个有趣的物理实验，或者从烹饪的角度了解便宜的营养菜单，或者听校医谈谈学校如何才能改善社区的卫生条件。礼堂也供社区使用。市里的牧师、从政者，或者任何人，只要做了什么有趣的事，都可以到礼堂来跟孩子们说说。学校还邀请邻里的各种社会机构来做同样的事情。

应用课的目的是相同的。孩子们到最近的公共图书馆去查阅功课需要的参考资料，或者单纯去听"如何使用图书馆书籍"的课。他们也可能去附近的基督教青年会大楼，使用里面的体育馆或者听讲座；还可能去教堂，接受家长权威那种宗教方面的教导。学校是邻里街坊的社会交流中心。应用课在车间里或者操场上，都是具有应用价值的活动，目的是为了补充常规教学之不足。这样一来，在操场上给一座房子打地基，变成了一堂应用数学课，或者在学校的商店——布置得像一个杂货店——里呆 1 小时，练习心算和口算；或者通过扮演"角色"来练习语文。应用课也可以上成别的方式，比如给学校干点活。年龄大一些的学生，要是学了速记法和打字或者记账，就可以到校办帮助职员干 1 小时活儿。五年级的男孩就利用这个时间去看守学校仓库，负责全校的供给，清点教育局送来的物资，把物资分发到教师和看门人手里。学生在各车间学习的记录，由别的学生上应用课时完成。一个拿薪饷的记账员总管一个办公室，学生们把由车间教师填写的印刷单拿到办公室，把单子换算成学生在某项技能所花时间的学分。学生职员根据学生本周的成绩记录给出学分，并保留成绩记录。学生还管理教学楼里的邮局，笔者就曾看见一个六年级的男孩在教学楼里分送工资支票和取收条。干这种活的孩子，不仅要学算术和记账，而且需要有相应的责任感和诚实感。他们重视学校的荣誉，对学校的福利有着广泛的意识。他们知道自己实实在在地代表着学校，就是学校的利益。

学校的午餐厅由烹饪部管理。埃默森学校（Emerson School）建校之初，装备有普通烹饪学校的那种桌子、独立的燃气炉、衣物柜等。这一切后来变成了正规的餐桌，由学生招待来端送学生烹饪的饭菜。对同学们来说，这可是真正的午餐。学生到收银处付账。低年级的女生上烹饪课的方式是到高年级女生的烹饪课上去打下手，去观察。食谱由女生拟定，采购和记账也由女生完成。她们必须确保支出安排有度，按照化学部确定的标准来提供饭菜。她们把食品拿到化学部去进行分析，配备出比较有营养价值的午餐。结果是热腾腾的饭菜，既有营养又烧得好，价钱还非常便宜。每天的食谱都挂出来，上面有每一项目的价格及营养价值。午餐厅的墙上贴着招贴和显示食品相关营养价值的图表，有便宜餐和营养餐的食谱范例，也有不健康食品的展示。这一切均由烹饪学校的学生来提供和准备，这就是教育实验的结果。

在加里市的学校，公民道德并不是照本宣科。学生协助维护教学楼，针对自己在各种公众场合的行为制定行为规则，到图书馆参观，聆听由建设加里市的人讲述加里市的故事。通过这些方式，他们学习公民道德。他们模仿竞选过程，并通过政党、学生会的初选、投票站、秘密投票等来学习公民道德。学生依靠自己的双手制作家具、铺设水泥路，了解成本是多少，所以不会去破坏道路或者家具。由于他们有了这段经历，由于他们了解了自己提供和改进服务的价值，等他们成为纳税人时，便不大容易受骗上当。卫生运动、把学生带到城市社会机构的应用课、能够从中更多了解加里市的礼堂大课等，都给公民道德课增添了吸引力。学生用自己的眼睛来观察事物，通过做一个好公民来学习公民道德。

这种通过具体行动来体现公民道德的方式，有着双倍的巨大价值。这是因为，大量学生的父母是外国移民，他们对于自己所生活的这个城市的政府或者组织一无所知，对身边的见闻也不理解，所以不了解政府或者组织能够提供的机会，也不了解其局限性。他们在法律上很无知，犯了法也不知道；对公共卫生也是一窍不通，结果危害了公共卫生；对社会资源毫无概念，有需求也不知道找谁。所以，他们自然怀疑政府，怀疑社会的权力。因此，非常重要的一点是：让他们的孩子拥有知识，以便作出更明智的判断。除了这个，学校还努力把美国的生活标准教给学生和学生家长。入学时，除了姓名、年龄、家庭住址，每个学生要把一些家庭情况的信息提供给学校，包括人口状况、经济情况以及住宅的性质等。登记的材料由学校保管，如果学生从所在学区转出，材料也跟着转走。年级的每个老师负责分管学区内一定数量的街区，由他们把街区的图形画下来。孩子们制作高比例地图，上面标有街道、路灯、邮箱、每幢房屋、仓库或者棚子的位置，还有空地的位置。如果实际发生了变化，地图也要做相应调整。每个孩子丈量家里的房间，把丈量结果拿到学校，然后把自己家的楼层平面图画出来。这些图形与老师的区域地图一块保存。这样，老师就有了一幅有关辖区的完整地图，也清楚了辖区内每个孩子的家在哪里。只要把这些拿去与家庭状况登记材料进行比较，要弄清楚某个家庭是否居住在很差的道德及卫生环境之中就十分简单了。

每个老师负责的街区很小，所以对其了如指掌，而且尽可能认识居住在街区内的孩子。假定家境差是由无知或者贫穷所致，老师会想办法解决，并确保这个家庭学会如何依靠自力更生来改善状况。假定状况极为糟糕，就由街区的其他孩子去把公共舆论调动起来。有时候大礼堂的课就用来展示这些地图，指出街区里和街道上哪些地方好、哪些地方差。孩子们总是把有关的新闻带回给父母，就像租金和住宿条件可以自由讨论一样，这些报告也是采取措施的基础。学校鼓励家长到学校来了解信息，不止一次，有一些刚来的家庭按照同样的租金从过分拥挤的破屋搬到舒适的公寓。这是因为，家长通过孩子才了解到，他们恶劣的居住区是不应该存在的。由于学校做这项工作是为了提供帮助，因此，学生和家长都理所当然地把这项工作当作学校正规课程的一部分来接受。学校给家长提供关于改善条件、卫生、房屋大小及舒适程度、租金等方面的信息。如果一个街区很差，学校就会把附近条件更好而租金不变的好街区展现给他们。这样，学校不仅教授关于良好的公民道德和社会条件的理论，而且还为孩子们提供真实的事实和真实的状况，以便他们能够明白问题出在哪里，以及如何才能改进。

加里市的学校尽可能地利用社区的资源，把社区作为教育实验的贡献者。因此，学校以直接的结果作出了良好的回报，这还不包括在提供有效明智的公民教育方面作出的更大回报。加里市的条件并不理想。这里的学校也不如其他同等大小的城市那么有钱可供支配，这里的教师在任何别的城镇都能够找到，大部分学生的家庭未给孩子提供任何训练，而且父母还在为适应全新的环境而进行自我调整。可是，这些学校做了大量的工作，显示了良好的经营管理，而且用一种经济的方式来使用纳税人的钱，以便为年轻的一代提供尽可能多的设施，让他们有益地使用自己的时间。学校教学楼和操场展现了这个学校系统的有效运行。敏捷而快乐的学生、学生历年的成绩统计、学生毕业后的职业生涯等更加令人鼓舞，这是因为，任何公立学校都拥有取得这一切成就所依赖的资源。

第八章 学校作为一个社会

街坊文教馆①

---

① 街坊文教馆（Settlement），指美国为城市的贫民区居民提供教育、娱乐等社会
　服务的团体或者场所，又译街坊文教团。——译者

全国的学校都发现,振兴学校教育最直接的方式就是与当地的福利和行业建立更紧密的关系。在美国的学校教育史上,曾有一段时期致力于建立整齐划一的教学内容、教学方法和管理模式,这样必然忽略了具有地方环境特征的一切方面;但如果要关照这一点,则又意味着偏离一致性。时间上久远、空间上遥远和性质上抽象的事物,最容易变得整齐划一,然后按剂量分发给大量的儿童。不幸的是,经常出现这样的结果:本来的目的是想用一模一样的教育弹药去击中所有的孩子,可是却没有一个孩子受到真正的触动。于是,把学校的教学与学生的经历有机结合起来的尝试应运而生,学校调整教学内容,以满足当地生活的特殊需求,以适应当地生活的具体状况。

　　学校与周围邻里街坊的环境紧密联系,这种做法不仅丰富了学校的教学,强化了学生的学习动力,而且增加了学校对社区的服务。如果一个学校的教学不能影响街坊的人们,它便不能利用街坊的活动来进行教学。譬如到当地去做调查研究,为改善当地的状况作贡献,并通过这些方式来学习公民道德,学生肯定能影响当地的生活,而从课本上泛泛而谈所学到的公民道德就不大可能具有应用价值。反过来,社区也看到学校给当地产生的功效,并认识到学校为社区的福祉所提供的服务并不遥远,并非要等到学生长大成人才会出现,而是作为常规的日常教育课程之一部分。"学校为民主而存在,为有利于公民权利而存在"这句话变成了一个显而易见的事实,而不再是一句空话。一个社区，如果看到自己的学校在公民活动中所起的重要作用，就会以延长使用其设施（如加里市的情形）的方式，或者需要时以劳动、金钱或者物资的方式来提供支持与援助，回报学校。

印第安纳波利斯公立 26 中的校长，正在进行一项与众不同的实验，以便把他的设施变成一个真正的学校。也就是说，在这个学校里，街坊的孩子在经济及社会方面都变得健康、快乐、能干；而且，孩子和家长都将直接看到教学与社区生活的联系。瓦伦丁（Valentine）先生的学校坐落在该市一个贫穷拥挤的区域，这里居住的全是有色人种，学校里的学生都是有色人种。这个学校并不是解决"种族问题"的一个尝试，也不是仅仅适合于有色人种的实验。学校的一切完全符合任何类似区域的实际，即学生的家庭资源有限，周围环境恶劣。参观这所学校的人们在离开之际，无不期望我国所有的大城市都开始这种尝试——在任何一个社区，要唤醒人们的社会觉悟，必须开始这种尝试。譬如说，如果他们要想为社区的最大利益作贡献，就必须学会如何谋生，学会为了自己和邻居如何在工作时间和闲暇时间使用资源。瓦伦丁先生的学校是一所为有色人种的孩子开办的学校，但这仅仅是指学校的教学安排与街坊的条件相关而已。这修正了特定学童的需求。然而，这个实验的成功，意味着为解决"种族问题"和任何移民聚居区的特殊问题真正朝前迈出了一步。瓦伦丁先生的兴趣并不在对这些要点进行理论阐述，而在于弥合学生家庭生活的鸿沟，给学生机会去为更美好的未来做准备，为学生提供许多健康的工作和娱乐，确保学校的教学在改善街坊条件方面作出迅速的反应。

的确，瓦伦丁先生的学校只是一个社会街坊文教馆，但却比一般的街坊文教馆更具有确定无疑的优点；因为这个文教馆每天要在学区内居住的所有孩子的身上发挥数小时的作用，而大多数文教馆在孩子们身上一周才零星地产生几个小时的作用。学校比大多数文教馆的影响大，因为学校是一个公共的机构，使用这个机构的人付出了自己的那一份，因此感到自己与学校是一种经济的关系，而不是一个慈善问题。由于这种经济关系，学校才能够真正地传授社会福利的知识。无论是哪一种街坊文教馆，倘使应用它的人们感觉自己接受的东西没有付钱，感觉为他们解决问题的人在财政上比自己好，那么，工作总会受到阻碍。可是，如果通过学区的公立学校来为社区提供用于特殊学习和娱乐的设施，而社区又缺乏这样的设施，那么，工作的基础便不一样了。学校就是本地区居民的财产，人们感到多少应该为学校里的事负责。从某种程度上说，一个学校所开展的任何广泛的活动都是街坊居民的事。所以，只要能够利用这个学校的房屋来满足自己的需求就好。

瓦伦丁先生的学校周围的街坊是印第安纳波利斯最贫穷的，一度无法无天，秩序混乱，恶名远扬。多年来，这个学校艰难挣扎，无论是作为整体的社区，还是作为个体的家长，对学校的支持均微不足道,或者毫无支持。逃学率很高,每年有大量的学生被送上少年法庭。孩子们总体上对学习没有兴趣,极端无序的情况乃是家常便饭。有一个学生因为受到应得的处罚,企图用杀猪刀向老师报复。在另一个案件中,为了给邻里的居民一个教训,法庭不得不逮捕一个男孩的父亲。除了这种敌对的情绪和厌学的态度外,学校还得与恶劣的周围环境抗争,结果只得采取措施,把学校的教学楼与居民的房屋隔开。最终,教育局买下了学校教学楼周围的大片土地和木制的廉租房。最初有人建议把这些旧建筑拆掉,但后来当局被说服,把旧建筑交给了学校使用。学校无意中拥有了一个大操场和二幢条件糟糕的经济廉租房。教育局作出规定,增加的这部分财产一旦购买,操场一旦清理完毕,便不再叫市里掏钱,而且决定把这些建筑用作社会和工业目的。其中一幢由学生和感兴趣的邻居布置成了手艺训练大楼,大楼里有一个木工车间、一个缝纫车间、一个上制鞋课的房间。每个年级每周都花固定的时间去学手工,而且放学后有机会进其他的手工班。这种学习直接而且实用,所以其吸引力从未间断,同时学习的安排也符合学生个体的需求。

木工车间全天开放,既有供男生上的班,又有供女生上的班。学生只要有空,随时可以去车间,很自由。学习并不局限于训练孩子使用工具,每个学生制作自己需要或者想要的东西,即真正对自己有用的东西。教师通过学生手里做的一件活儿来教学生制作过程和使用工具。这是在学校完成的所有手工课程的基础。由于制作方法对学生今后有用,教学并不忽视未来生活的目标;但是,对于孩子或者学校而言,使用的材料总是具有一些直接的价值。男生制作了学校教学楼里需要的一些东西,比如桌子、柜子和书架,还维修教学楼;他们通过这些活动,学习了木工活。女生学习缝纫的方式是为自己和兄弟姐妹做衣服,为学校做窗帘、台布。她们学习烹饪的方式是给学校及其邻居的午餐烹饪热汤,为全班同学烹饪全套午餐。女生除了烹饪和缝纫班以外,还可以进女帽制作和钩编工艺班。开设这两个班是从商业角度来考虑的,是为了教会女生做一些能够挣点儿钱的活儿。在女帽制作班,学生从给自己制作并装饰帽子入手,学习制作女帽的不同工艺。班上的女生,谁的手艺最好,就允许她从朋友和邻居那里承接订单,为别人制作并装饰帽子。除了材料的成本之外,购买的人另外支付数目极小的加工费,这笔钱进入学校的金库。女帽制作班与街坊邻里做了相当数量的生意,生产了一些非常好看的帽子。钩编工艺是作为一个行当来教的,任何想挣点钱的女生都有机会学习如何钩编网眼织物、桌上的小垫和各种钩编件,比如头巾等,这些都将出售。女孩们一边学,一边编织一些自用或者家用的东西。

男生的学习也是按同样的方式来安排的。除了学习木工和维修之外,还有男子烹饪班、补鞋班和裁缝店。男生比女生更欢迎烹饪课。补鞋店在学生放学后也办班,男生在这里学习修补自己的鞋。专业的鞋匠就是教师，修补必须做得很利落。男生从补自己的旧鞋开始，等技术有了进步，就获准从家里带鞋来修补，或者为女生和低年级的男生补鞋，不过，要收一点费用。裁缝店的管理同样根据学校的计划来进行，目的是让学生做一些活儿，教学生养成个人整洁和勤奋的习惯。干完这些活，学生可以掌握一些技术，学会使用工具。这个班的教师是一位裁缝，男生学习缝补自己的衣服，学习如何擦洗衣服上的污迹，学习如何把衣服熨平。出勤完全是自愿的，这个班要等放学后才上课。在懂得如何保持整洁之后，班上男生的外表和习惯有了显著的改善。这不仅影响了整个学校，而且影响了街坊邻里。对于教师提出的干净整洁的要求，男生不再觉得反感，因为他们已经意识到了这些习惯的好处。

烹饪班和家政班设在学校接管的一幢未经修缮的经济廉租大楼内，不过，烹饪设备由市里提供。修整大楼的其他工作，譬如清洁、粉刷、修缮、配备家具、装潢等，则由学生完成；而且，费用也由学生支付。不过，也得到使用大楼的社区各家俱乐部的帮助。大楼里有一个很大的烹饪操作间，还有一个餐厅、一个起居室、两个卧室，充当样板。女生不仅学习烹饪真正的饭菜，而且学习如何伺候进餐，然后还要照料样板间。家政班的上课内容包括采买，比较食品的价格和质量、食物的化学成分及营养价值，以及大量的烹饪。家政班的学习与厨房结合起来进行。一组女生需要在厨房学习足够长的时间。她们配食谱，搞采购，炖出靓汤。汤可以卖给学生和街坊邻居，3 分钱一碗。她们把所有的账目都记下来，所挣的钱不仅支付了成本，而且能够有所盈余，供学校使用。一年下来，她们赚取的利润足够支付示范间配备家具的大部分费用。除了教会学生彻底、轻松地做家务外，样板间还有一个目的，就是提供一个范例，告诉人们通过何种办法把本地区的常规经济廉租房变得舒适、迷人，而所花的费用并不比大部分居民装饰家庭所付出的多。家具非常简单，价格很低，但很结实，单色调，容易保洁。粉刷和糊墙纸都由学生来做，所有的窗帘和台布由缝纫班制作，家具的木料则来源于包装箱。廉租楼里面的房间，除了用来上课，还作为学校女生社交中心。

矗立在操场上的第三幢大楼由学校当局买下来，如今成了男生俱乐部。大楼里有一间健身房、两间活动室，还有一间淋浴房。学校购进时，大楼的状况很差，需要维修；可学校没有钱，也没有多少木料。但是，学校的男孩子们想有一个俱乐部，房子交给他们时也没有完工，可他们并没有因此而感到灰心丧气。他们自己动手，开始修缮，就像过去在手艺训练和家政大楼所做的一样。他们在手艺训练课老师的指导下，撕掉破旧的墙纸，扒掉残败的灰浆，拆下高低不平的地板，拆除房间隔断，然后铺地板，上漆，重新装门，修窗户，制作家具和体操器械。有些活儿，他们不会干，例如糊灰泥、修管道，就去找朋友请求其出钱或者帮忙。住在学校附近的水管工和泥水匠都跑来学校贡献他们的时间和手艺,帮助男生们把大楼弄得妥妥帖帖,另一些朋友则拿出足够的钱帮助完成了工作。街坊邻里中的男人们挖了一条很长的沟,一直穿过学校,与排污管连接起来。他们逐步增加了体育器材和简单的淋浴设施,而房屋的打扫和保持清洁继续给学生提供了从事有益活动的机会。

前面提到,学校对附近地区家庭所产生的反作用影响是很明显的。当地教育局购买这块地时曾打算拆掉这三幢经济廉租楼,但瓦伦丁先生看到了机会,他认为可以为社区带来他们需要的东西,还可以唤起家长和学生之间的合作互利精神。可他说服教育局把这些大楼交给学校时,此地的风气却是互不信任、相互敌对。他告诉学生们,可以用大楼来做什么,请他们助他一臂之力。他立刻得到了热烈的响应,然后他跟随孩子们来到这个地区,向家长们进行宣传,并寻求帮助。改装第一幢大楼——手艺训练车间——时,他去找家长帮忙,得到了他们慷慨的回应;后来又要家长为男生俱乐部提供帮助,也得到了同样慷慨的回应。社区的技术人士贡献了时间和物资,此外,社区还捐献了350美金,这对于贫穷的居民来说绝不是一个小数目。社区居民和男孩子们特别渴望在里面学习,而且为了得到学习的机会,愿意以金钱和务工的方式来偿还。这证明了大楼里所做工作的价值,也证明了在改变大楼面貌时,男孩们所接受的培训的价值。虽然让学校和当地做如此巨大的奉献无疑是一种痛苦,但给学校和社区带来的利益却因此变得更大。改造大楼的工作改变了学校与学生的关系。孩子们现在喜欢上学，可在过去，他们是在逃学监督官的威逼之下上学的，如今他们在学校的表现大有进步。家长同样改变了态度。他们不仅督促孩子上学，而且希望孩子上学，因为他们很感谢学校给了孩子自立所需要的东西；此外，家长也明白了一个道理：如果要让孩子在学习上成功，自己也应该承担起一份责任。通过本地区越来越多的公民参与及社会活动，学校促进了社区精神的提高。随着出勤率的上升和纪律的改善，按照在校学生的比例计算，被移交少年法庭的案件数量下降了一半。与此同时，这些工作的教育价值无疑大于车间和厨房工作的实用价值。

学校正通过明确的工作来唤起学生对社区和街坊邻里的责任感。其中一项重要的内容就是，学校要尽量给学生自由和责任。学校要求高年级的每个学生关照一个低年级的学生。在操场上，他们要确保领头的学生保持游戏的公平性，确保自己表现良好。他们要确保年龄小的同学上学时干净整洁，必要时自己要为他们洗补衣服。这项工作特别成功，因为它革除了大孩子以大欺小的恶习，唤起了他们个人的自豪感和责任感。年龄小的同学比过去受到更好的照料，而且有许多机会向年龄大的和高年级的同学学习。学校还鼓励高年级同学想方设法帮助开展各种校外活动。为使夜校的学生都能到校学习，他们分头访问，或者打电话，写纸条；他们还遵守学校的规定，使男生俱乐部保持有序的气氛。学校提出一项政策，要公开讨论本地区的贫穷问题，敦促学生尽可能自立并挣钱帮助父母，对此，所有教师都表示赞同。每个年级都对它的成员挣钱的数目及方式做了记录，账上数额最大的年级会感到这一年取得的成绩很有价值。

学校里设有一个储蓄银行，其目的是要学生养成节俭的习惯。学生们在该银行存钱的数额不限，哪怕是 1 分钱也可以存。存钱的学生会得到一个存折，上面贴着表示存款数量的邮票，而钱则保存在市里的一家储蓄银行。学校还有一个图书分馆，教会学生如何利用图书馆。一部分操场变成了学校的园子，高年级的每个学生都在这里分到一小块园地，还得到一个操作指南，使他能成功地种植一些常见的水果和花卉。这项活动设计得很实用，学生经营的园子颇具使用价值，而且还有观赏价值，仿佛是他们自己家的后院一样。学校还在社区发起了一个建设家庭花园的运动，宣传工作主要由在学校有园子的学生来做，他们告诉建园子的人该栽种什么，并提供实际的帮助；他们先用自己的园子来做实验，等到经验比较成熟后再去指导别人。通过这些方式，教师们努力把全校学生变成胸怀抱负且富有责任心的公民。学生在学校里学到了比家里更高的生活标准，还学会了一些手艺和操作步骤，这些将至少开辟他们通向繁荣生活的道路。此外，学校还唤起了他们对整个社区福祉的责任感。

（1）男生比女生更喜欢烹调

（2）学生学习修鞋和补鞋（印第安纳波利斯公立 26 中）

所有这一切都是作为学校正规教学的一部分内容来完成的，而且在很大程度上，是在正规上学的时间里完成的。但是，还有许多别的活动，尽管没有直接对孩子的教育作出贡献，但对于整个社区的福祉却是很重要的。学校为社区里那些想继续学习的人们办了一个夜校，车间同时用作教室。一些对夜校特别感兴趣的人，组成了一个促进夜校兴趣的俱乐部；该俱乐部让社区的人们知道，夜校为他们提供了一个在就业、知识及使用英语方面完善自己的机会。俱乐部的成员居住在学校附近，并对学校和社区的需求有足够的敏感性。为了让本地区的居民了解学校为社区的福利做了什么以及能做什么，他们刻苦工作，兢兢业业。结果，人们对夜校的要求越来越多。除了设法使夜校的学生人数不减少以外，俱乐部还为学校的福利做了很多工作，譬如为改造大楼筹款，赠送学校一个昂贵的留声机。俱乐部由居住在本地区的人们组成，他们的孩子使用学校的设施，他们本人也许正在上夜校。当我们想一想这些，就会认识到，作为一个社会中心，这个学校是办得很成功的；而且，建设这样的中学是十分必要的。

学校还在夏季为附近的孩子开设了一个暑期班。暑期班上一点课，而大量的时间是在操场上和车间里度过的。学校的校友会很活跃，时常用学校的大楼搞社交活动，而且追踪毕业生情况。家长俱乐部也办了起来，它帮助学校取得家长对学校工作的支持，并作为了解街坊邻里需求的一个途径。通过各年级在一年中邀请家长出席茶会,家长与学校的联系变得更加紧密。每个年级每年都在家政班的教室为学生的母亲举办一次茶会。孩子们在家政课上学习茶道,在语文课上学习写请柬。教师也利用这些茶会的机会做家访,认识学生的母亲。教师如果了解每个学生的家庭环境,知道学生的优缺点,就能为适应学生而调整自己的教学。对于那些贫穷、操劳过度的母亲,这样的社交聚会简直就是一个重大的事件。

通过学校生活,学生获得了教育的机会,也获得了社交的机会。学校男生俱乐部的大楼几乎每晚都向当地的男生俱乐部开放,其中有些是学校的组织,有些则是独立的组织。有些房间可供男孩子们开会、玩游戏,还有一个设施完美的体育馆。教师轮流去照料晚上的聚会。相对于大楼的接待能力来说,来的人是比较多的。给男孩子们提供一个地方,搞一些健康的活动,这极大地有助于戒除男孩子在街上游荡、拉帮结伙的恶习,而这一点过去在本地区司空见惯。女孩子们利用家政教室来进行社交活动。两个营火少女团①分会在大楼里举办常规会议,并向教师寻求咨询。每一个家政班都致力于教会女孩子如何过一种舒适而自尊的生活,以及如何做家务。因此,它成为女孩子们的社交中心。女孩子学习烹饪既可口又便宜的食品,

---

① 营火少女团(Camp Fire Girls),于 1910 年建立,参加者为 7—18 岁的少女,旨在促进少女锻炼身体、培养良好品德及发展互助精神。——译者

而且学习如何伺餐。然后，她们一块坐下来，享用自己烧的饭菜。她们对老师讲自己的问题，也对同学讲，相互提供许多实际的帮助。家政班的教师帮助那些掌握一些烹饪手艺的女孩子找到课后临工，使她们能够自助，而自助就是助家。教师还帮助毕业生找到稳定的工作，与她们保持联系，鼓励她们继续为了更好的工作做准备。

这个学校街坊文教馆工作取得的成功表明，学校是街坊的一个天然而顺理成章的社交中心。与其他地区相比，这里的教师与学生和家长的接触更紧密更自然。

这里的经济、社会生活标准如此低下，以全十居民都不是特别出色的公民。这样的地区存在着将学校与地区街坊文教馆融合在一起的经济需求。使用同一群建筑物来达到两者目的，通过这种方式，学校与街坊文教馆的设施都得到了扩展。与大部分街坊文教馆相比，该街坊文教馆所使用的车间和教室更大更好。学校将这些房间用于社交用途，参与社交活动，把自己变成了一个社区。学校与一个区域内几乎所有的家庭都接触，结果它比过去更容易发挥社区的作用。然而，比这些需求更重要的，是一些源于下列事实的意义深远的结果。这个事实就是：该校的街坊文教馆是一个民主的社区，它真实地反映了社区的情况。

用校舍举办任何活动，无论是通常一天上八节课，还是为社区提供各种机会而举办活动（这是加里市的学校和瓦伦丁先生的学校正在做的事），社区的人们感到，他们为了自己的目的使用公共设施，而这些设施是他们以纳税的方式付了钱的。他们要的是看得见、摸得着的结果。随着地区公立学校校舍的增加，随着家庭生活变得更加富裕和充实，公民的环境更加完善。由于这些学校从名称到事实都是公立的机构，对于学校是否切实满足了自己的需求，人们心中是有数的；而且，他们也愿意努力，使学校名副其实。学校街坊文教馆具备为明确的目标去努力的所有优点，也具备与作为一个机构的社区开展讲求实际合作的所有优点。尽管瓦伦丁先生的学校由于缺乏资金，受到一些限制，以及学校做的某些特殊的工作仅仅适合某个特定的地方人群，但是，从学校与家长的关系以及从学生对学校的态度来看，街坊邻里所发生的变化表明，当公立学校不再是一个孤立的学术机构的时候，它在街坊邻里具有何等的分量。

为了从生理上、智力上和社交上满足社区孩子们的特定需要，加里市的学校和瓦伦丁先生的学校对学校实施了彻底重组。这两种学校都期待着更高的社会理想，都期待着这样一种社区，在那里，公民将富裕而独立，没有贫困交加的人群，只有良好的公民。尽管实现这个目标必须首先改变社会环境，但是，这些学校相信，他们提供的这种教育是一条自然且最有保障的途径，有助于改变社会环境。只有从小就教会人们清晰地思考，自己管理自己，才是保护人们不受剥削的最佳方式。

　　许多学校都在做类似的工作，把社区的活动当作丰富课程的手段，把校舍用作街坊中心。前面描述过的芝加哥公立学校，其市民俱乐部就在致力于实现同样的目标：怀着改善社区的愿望，为了学生在社区的生活，更好地使用知识来武装学生。伊利诺伊州里弗赛德市木屋学校的学生都来自富裕的家庭，学校开设了一个类似的俱乐部，俱乐部对于学生很宝贵，对社区也有实际的用途。该校由学生组成一个市民联盟，以学校为单位，负责城市里某些街道的环境。学生不仅打扫卫生，而且努力让全市都来关心街道环境的问题。建立在政治组织基础上的模拟选举和"自我管理"，就是该校努力满足培养良好公民道德需求的例证。把校舍用作社交中心，这就是承认必须进行社会变革，承认社区有责任帮助实现变革。

　　扩大校舍用途的这种尝试，与其说是为了培训年轻人，使他们能够担当起改善自己状态的重任，倒不如说是为了给街坊邻里一些自身缺乏而又唾手可得的娱乐、交往和提高的机会。用学校校舍来举行这些活动，既顺理成章，又方便可行。每个社区都有权期望并要求公立学校尽可能广泛地满足社区的用途，因为公立学校是用公共财政来支撑的，是为公共目标服务的。教育社会化的尝试获得了如此大的成功，而且受到学生如此热烈的欢迎；结果，这些尝试作为教育工具的价值得到了确立。因此，让社区的人们真正参与到以学校为中心的各项活动中来，并使用学校的设备，这是一条最保险的途径。通过这条途径，可以使他们具有更加明智的公共精神，更加关注如何正确教育这片土地上的青年。

第九章 工业与教育的重新调整

一切教育改革的主要目的都是为了重新调整现行学校机构及其方法，使其适应社会和知识环境的总体变化。与人类的其他机构一样，学校也有其惯性，也倾向于继续做过去留下来的事情，而不顾及目前的需求。现行教育中，有许多内容和方法可以追溯到今天已经不复存在的社会环境之中。由于传统和习惯，它们保留了下来。我们的教育机构尤其如此，因为其占主导地位的理想和观念都是在过去确立的，而那时的生产方式与今天的生产方式迥然相异。在这些理想和观念产生的时代，劳动的地位远不如今天这么重要；而今，几乎所有的政治和社会事务都与经济问题联系在一起。在这些理想和观念形成的时代，科学与物质的生产、分销运作之间不存在积极的联系；但在今天，制造业、铁路、输电及所有提供日常生活服务的机构体现了如此多的应用科学。经济变化使人们相互依存的关系更加紧密，而且强化了相互服务的观念。这些政治上、智力上和道德上的变化，把与劳动教育有关的问题变成了美国当今公立教育中最重要的问题。

　　我们今天使用的"学校"（school）这个词源于希腊语，本来的意思是闲暇（Leisure），这其实已经暗示了业已发生的本质的变化。诚然，无论在哪一个时代，教育都意味着从不得不谋生的压力下解脱出来。年轻人接受教育的时候，应该多少是由他人来养活的。他们绝不应该受到为物质生存而挣扎的冲击。与反对使用童工同时采取的措施，是向全国所有的受监护人提供公立学校的设施。学生必须有闲暇接受学校的教育，而决不能拖着疲乏的身体来学习。此外，如要在学习中运用想象力、思维和情感，必然要求头脑排除谋生之虞。如果要实现真正的博雅（liberal）教育，或者说自由教育，就必须有一个悠闲的氛围。

在这些方面，今天与过去以闲暇观念来命名学校的时代是一样的。但是，曾几何时，人们以为在有闲阶级和劳动阶级之间有一条永恒的分界线。至少在基础阶段之后的教育只是为前者提供的，其教学内容和教学方法是给那些不必为生计奔波的富裕之辈设计的。附着在体力劳动之上的污名是异常明显的。在贵族和封建的国度里，这种体力活由奴隶或者农奴来承担，社会地位的低劣感附属于这些阶级，这自然会引起人们去鄙视他们的工作。社会提供给他们的培训只是一种顺从教育，但博雅教育针对的是自由人，而自由人是上流社会的一员，不必为了安身立命或者养家糊口而去从事体力劳动。反对劳动最后演变为反对一切需要用手去完成的活动。除非是为了消遣或者战争，一个"绅士"是不会动手的，也不会让手去接受技巧训练。动手是为了做有益于别人的工作，而为别人提供个人服务，那是一种在社会和政治上处于依附地位的标志。

说起来似乎很奇怪，然而当时有关知识和心智这些观念本身确实受到了社会贵族秩序的影响。一般说来，身体尤其是手和感官用得越少，智力活动的等级就越高。能够产生真知识的真思想完全是在头脑中进行的，而根本无须躯体的参与。所以，只有那些极少运用躯体活动的学科，才叫博雅教育。从顺序上，首先出现的是哲学、神学、数学、逻辑学等纯粹脑力的东西，接下来的是文学、语言、语法、修辞学等等。即使我们称之为艺术的东西，也要降一个等级，因为要在绘画、雕塑、建筑方面达到成功，必须受到技术和手工方面的训练。只有音乐不受到鄙视，部分原因在于声乐不需要训练手，部分原因在于音乐是一种奉献。此外，教育应当训练人们去欣赏艺术，而不是去制造艺术。

产生这些观念和理想的政治及工业条件早已消退，但这些观念和理想却一直留在教育的理论和实践之中。一切与文化和文化教育有关的概念，基本上都诞生于有闲阶级理所当然比劳动阶级优越得多的时代。优雅、教养、审美情趣、古典文学知识、精通外国语专门科学等都被看作是有文化的标志，就像他们有闲暇、有大量财富的标志一样。这些知识只能通过"纯脑力"的手段来学习，而不必诉诸实践。即使需要高深学识的职业，比如神学、法学、医学（在较小的程度上），这种观念也被纳入高等教育的范围，因为给别人提供服务时，动手的程度远不如其他工种那么大。与博雅教育相比，职业教育受到鄙视，因为其目标是为了给别人提供服务。在很长一段时间里，医学处在一种中等的和受人怀疑的地位上，原因就在于医学要求个人去关注他人的身体需要。

人们反对把自然科学纳入高等教育,不仅是因为保守派害怕引入自然科学会改变现成的制度,而且因为这些科学强调运用感官(感官是身体器官),强调运用物质的设备以及运用操作所需的手工技能。甚至数学界人士也赞同文学界人士的观点,认为自然科学肯定比类似地质学、代数、微积分这样的科学知识缺少文化,而后三种知识可以用更为纯粹的脑力的方式来进行研究。即便由于社会变迁所带来的进步,把越来越多有用的学问放进了课程设置,学问的文化价值的等级思想依然故我。与管理家务、制造物品、农业种植相比,由于银行和商业这样的行业涉及较少的体力活动,也较少直接为别人提供个人服务,因此学习后者至少比学习前者更加"斯文"一些。甚至现在还有许多人把脑力活动与这种观念联系在一起。

最先是小学教育打破了这个思想秩序。随着 18 世纪民主思想的传播,诞生了一种思想,即教育既是上流社会的特权,又是芸芸众生的需求和权利。在阅读卢梭和裴斯泰洛齐著作的时候,接受了普及教育民主思想的美国大学生不大可能注意到,他们关于所有人的教育发展是一种社会必然的概念,甚至比他们所主张的特定方法更具有革命性。可是,情况的确如此。甚至连约翰·洛克这样具有启蒙思想和秉持自由主义的人,在撰写关于教育的文章时也提到绅士教育。他认为,劳动阶级的培训应该是极为不同的一种教育。有一种思想认为,社会所有成员的能力都是可以发展的,社会依赖这种发展,依赖其成员能够确保自己得到这种发展。那时候，民主革命如火如荼，而这种思想正是这场革命的第一个伟大的知识标志。值得注意的是，卢梭出生在瑞士，在他写作的时期，民主政治的思想盛行于法国；而裴斯泰洛齐不仅生来是个瑞士人，而且就在那个共和国进行自己的事业。

为了发展为大众服务的公立小学，教育必然强调课程的实际用处；尽管如此，公立学校的课程和方法在发展过程中依然深受有闲阶级教育遗存思想的影响。由于小学教育面向的是大众，因此被当作是一种必要的政治和经济让步，而不是一个严肃的教育事业。在有用的课程与为少数人提供的以纯粹文化为目标的高等教育之间，划出了一条严格的界线。教授读、写、算，即"三要素"，是因为它们有用。个人需要读、写、算，以便能够自食其力，能够更好地"发迹"，最终能够在变化了的商业条件之下提供更好的经济服务。人们理所当然地认为，一旦掌握了这些工具的实际用途，大量的学生就可以离开学校。

对于许多学生而言，初等教育仍然是一种实际的社会需要，而不是一种内在的教育措施。最好的证据就是，绝大多数学生大约读到五年级便离开学校，而这个时候，学生只掌握了读、写、算的初级技巧。有社会影响的人反对在"三要素"之外开设任何别的课程（也许地理和历史除外），而且出现了一种倾向，即把别的东西视为"花哨的摆设和新奇的时尚"。这些都证明人们如何看待初等学校教育。只有富裕的人，才允许学习文学、科学、艺术等更充实更广泛的文化，而大众在教育上的发展，却只限于学习使用一些成为有技能工人所必要的工具。在物质的生产及销售环境发生了变化的情况下，初等教育取代了古老的师徒制，这一点尽管人们通常不承认，实际却可以这么说。从根本的意义上说，人们从未把后者视为教育；前者也只是在部分内容上算是纯粹的教育事业。

文学和"智力"教育占主导的陈旧理想之中，有些部分已经侵入并俘虏了新兴的小学教育。对小部分可能继续接受更高一级教育——文化教育——的学生而言，读、写、算只是学习的工具，是获取知识不可或缺的工具。他们都关心语言，也就是事实和思想的符号。这个事实深刻地揭示了关于学习和知识的流行观念。知识是由别人已然发现的现成材料构成的，掌握语言就是掌握了进入这个知识仓库的手段。学习就是从这个现成的仓库里去取一些东西，而不是靠自己去发现什么。教育改革者可能会继续攻击灌输式的教学方法和被动接受的学习方法，但是，只要关于知识性质的这些观念还在流行，他们便不可能取得任何进展。把心智活动与用于直接观察的感官活动分开，以及与用于建设和操控的手的活动分开，就会使教学内容变得很学究气，离现实很远，迫使学生被动地学习教科书和教师传授的东西。

长期以来，对于美国人而言，在学校的书本学习与更直接、更重要的校外生活学习之间，存在着天然的劳动分工。我们不能夸大我们的先辈在一般生活追求的历程中花了多少时间来进行智力训练和道德训练。他们忙于征服新的土地，首要的是勤奋；而且拓荒者的环境与众不同，要求他们具有首创精神，需要心灵手巧，要有勇气。人们主要是为自己干活，倘使要为他人干活，心中想的也是尽快成为自己事业的主人。虽然旧世界君主国家的公民对政府的行为并不负责，但我们的先辈却致力于尝试管理自己的政府。他们参与管理自己所理解的公民事务和公共事务。生产那时还没有集中在拥挤的中心城市的工厂里，而是分散在农村。市场就在当地，而不是遥远的地方。制造的方式还是名副其实的手工，用的是当地的水利电力；生产并不是由大机器来完成的，而一旦用了大机器，"手"就变成了附属的东西。日常生活的各行各业都要求有想象力，对天然材料及制作方法要具备丰富的知识。

随着儿童们长大，他们要么直接从事，要么紧密接触着纺织、漂白、染色、制衣、木材加工、皮革、锯木、木工、金属制造、蜡烛制造等。他们不仅目睹播种与收割，而且熟悉村里的磨坊，熟悉如何给牲口备料。这些就在他们身边，制作过程全都是公开的，可以观察到的。他们知道东西从何处来，是如何制作的，又往何处去；他们通过自己的观察来了解这些东西。他们参与有用的活动，从中获得训练。

尽管他们有太多繁重的劳动，但除了解各种材料和制作方法之外，还需刺激他们的想象力，还需要训练独立判断的能力。在这种情况下,学校只得把重点放到书本上,放到教学生如何使用书本上。在大多数社区,书本是一种稀有品和奢侈品,是走进村子以外的伟大世界的唯一手段。尤其在这种时候,书本及其使用方法更是学校的重点。

然而,条件发生了变化,但学校的教学内容及教学方法却没有改变,没有与时俱进。人口转向中心城市。生产变成了大众的事,且是在大工厂里进行,而不再是家庭作坊的玩意儿。蒸汽和电气运输的增长,为远方的市场甚至为世界市场生产产品,这已变为现实。工业不再是当地和街坊邻居关心的事。通过复杂的劳动分工而产生的体系,使制造变成各式各样互相分离的过程。即使是某一特定产业的工人,也鲜有机会去认识全部生产过程,局外人实际上只能看见原材料和成品。机器的作用依赖于复杂的事实和自然的原则,除非接受过特殊的知识训练,工人对于这些是认识不了的。与过去的手工业者不一样,开机器的工人盲目地服从别人的智力,而不是服从自己关于材料、工具和制作方法的知识。随着拓荒环境消逝的,还有那几乎每个人都期望未来能够掌控自己生意的岁月。芸芸众生的想法只是为了薪酬,要永远为别人工作;除此之外,他们没有其他奢望。财富的不平等现象越来越严重,结果对童工的需求给正统的大众教育造成了急切的威胁。另一方面,富家子弟则失去了源于家庭义务的道德训练和实际训练。对于大部分人而言,在令人厌恶的童工与丧失道德游手好闲的儿童之间,特别在大城市里，没有什么选择的余地。称职的当局所做的调查显示，在人口集中的中心，儿童玩耍的机会很是缺乏，大部分儿童甚至不能把空余时间用来开展健康的娱乐活动。

当然，这些调查并没有提到目前的社会环境与我国的早期学校设施所适应的社会环境之间的差别。不过，调查指出，如果要使教育与当代社会生活保持有机的联系，就必须对教育进行一些明显的改革，唯有如此，才能产生一种旨在塑造有能力、有自尊的社会成员的教育。随着变化的出现，印刷品的价格锐减，销售印刷品的商店设施剧增。调查如果没有注意到这些情况，那就更加不完整了。图书馆数量不少，书籍繁多，而且便宜，杂志、报纸随处可见。结果，学校不再像过去那样与书籍和书本知识保持特殊的联系了。校外的环境尽管失去了很多原有的教育特色，却为阅读内容和阅读兴趣提供了巨大的营养。我们不再需要或者不再期望学校专门致力于这方面的教学，但却比过去更需要学校注意培养学生读书的兴趣，引导学生阅读有知识价值的东西。

尽管纯粹学习语言符号的使用和养成阅读习惯这一重要性已非昔日可比，但运用的能力及其习惯这一问题却变得更加重要。学习使用书本的内容，意味着学校要唤起学生的兴趣和疑问，使他们无论在校内还是校外都去寻找历史、科学、传记和文学的各种内容；而且，文学应该是具有内在价值的那一种，不要浪费时间去看泛滥成灾的垃圾文学。学校如果不去培养学生对内容怀着浓厚而关键的兴趣，而是去关注语言的形式，便绝对不可能做到这一点。教育理论家和学校当局投入更多的时间，去直接关注语言和文学。他们企图通过这种方式来改正许多年轻人毕业时所养成的种种可悲的阅读习惯，但这是一项得不偿失的任务。扩大知识视野，唤醒问题意识，才能确保有益地使用书籍和杂志，因为当代环境给我们提出了问题。如果阅读书籍本身变成了目的，那么，只有高度专业的一小部分人才会去看真正有用的书。如果人们对社会事务怀着兴趣，有一种敏感，那么所有具备这种感觉的人自然就会转向能够培养那种兴趣的书籍，诚如去关注他们感觉有必要关注的其他东西一样。

我们认为，要适应目前的环境，教育必须进行重新调整，而调整的普遍问题从劳动的角度才看得最清楚。以上便是这种观点的部分理据。就内容而言，可以总结为三个一般的道德原则。第一，每个人都应该能够从事自尊、自立、理智的工作，每个人都应该自己谋生并养活家人，而且应该明智地认可自己谋生的方式，对做好自己的工作怀着明智的兴趣，这一点从未像今天这么重要。第二，个人的工作从未像现在这样在如此广泛的范围内影响别人的福利。现代商品生产与交换的条件，把全世界变成了一个前所未有的世界。今天的一场战争可以导致距离战场数千英里之外的银行关闭，贸易瘫痪。这不过是用简略而夸张的手法来展示一种相互依存的关系。这种相互依存性正悄悄地、持续地影响着文明世界的每一个地方,影响着每一个农民、工人和商人的活动。结果,出现了一种前所未有的要求,即我们判断和评价学校所有教学内容的方式,应该取决于教学内容对社会活动网络所产生的影响,而这个社会活动的网络把人们捆绑到了一块。过去,人们生活在相互没有多少关系的小团体之中,那时仅仅以追求知识理论为目标的教育所造成的危害相对较小。因为人是孤立的,知识可能也是孤立的。但是,今天脱离知识的社会意义去单纯地积累知识,则比没有知识更糟糕。学习各种技术却又不知道如何运用于社会,这应该受到谴责。第三,今天,工业方法和过程在很大程度上要比过去更多地依赖自然科学和社会科学的事实和法律的知识。我们的铁路、蒸汽船、牵引车、电报、电话、工厂、农场,甚至普通家用电器,它们的存在都取决于我们对复杂的数学、物理学、化学和生物学的深刻理解。它们最终的最佳用途又取决于我们对社会生活中种种事实和关系的理解。工人大众只要不想变成自己所操作机器上的无名螺丝钉和齿轮,就必须对自己所处理的材料、器具背后的物理事实及社会事实有所了解。

　　这样一说,问题似乎可能变得太大、太复杂,以致无法解决。不过,我们必须记住,我们正在应对的是一个重新调整的问题,不是一个原创的问题。重新调整要逐步进行,要经过很长的时间才能完成。现在主要的问题是要启动,而且要朝着正确的方向启动。于是,各种业已采取的实验性步骤就变得极其重要了。而且,我们必须牢记:通过重新调整带来的变化,关键不是积累更多的知识,而是要形成某些看待事物和处理事务的态度、兴趣和方法。如果说教育的重新调整意味着学生必须对涉及日常生活方方面面的全部科学和社会内容都有所意识,那么,问题是绝对无法解决的。但是,在现实中,完成改革就意味着要在目前条件下减少对纯粹知识的强调。

我们的目标是:让学生养成一种习惯,能够把所学的有限知识与生活活动联系起来;让学生具备一种能力,能够把有限的人类活动与成功的处理方式所依赖的科学原则结合起来。这样所形成的态度和兴趣自然会发挥作用。如果把算术或者地理视为与社会活动和社会运用毫不相干的科目,那么,教学的目的便只能是死记硬背所有的内容。只要做不到这一点,就是学习中的缺陷。但是,如果我们教育工作者关心的是让学生认识到他们所学的数字和地理知识与重要的社会活动息息相关,那么,这样的教学就不会有什么缺陷。问题已不再是单纯的数量,而是学习的动机和目的。问题不是让学生去完成一个无法完成的任务——了解数的知识的所有社会用途,而是设法让学生明白,自己在数的知识方面所前进的每一步都与人类的需求及活动联系在一起,从而看到所学知识的意义和应用的方法。任何开始学习数字的儿童,都会有一些涉及数字的经验。教他的时候,把算术与他已体验过的这些日常社会活动联系起来,教学社会化的问题便迎刃而解。

教育的劳动阶段当然已经来到，这是因为，这些社会经历涉及劳动方面。这并不意味着学生的算术学习将变得很功利很粗俗，或者从金钱及其得失的角度来看待所有的问题。相反，这意味着将把金钱的因素降低到恰当的位置，意味着将把重点放到有关金钱、重量、形式、大小、测量、数量等知识在开展生活活动的作用之上。重新调整教育，使之适应目前的社会环境，目的不是要用挣钱谋生来取代获取知识，并把它作为教育的目标；而是要武装男女学生，使他们毕业时能够明智地进行自己所从事的活动。不过，这种智慧的一部分要去处理基本生计在当代生活中所占的位置，这是不可或缺的。有些人认识不到这一点，因为他们有意无意地沉浸在贵族社会的知识偏见之中。但是，首要而根本的问题不是培养个体去从事特定的行业，而是要让他们明白：如果不想做社会寄生虫，那么，对于自己必须从事的行业就应该怀着极大而真诚的兴趣，并且应该了解那个行业社会的及科学的意义。教育的目标不是要培养谋生的人。但是，既然芸芸众生一般需要谋生自立，就必须明智地操持家务、照料孩子、管理农场和商店，以及在劳动至伟的民主社会中明智地从事政治事务。

因此，重新调整教育的问题就是要在两个极端之间前行，一个极端是古老的书本教育，另一个极端是狭窄的所谓实用教育。有人嚷着要保留传统的教学内容和教学方法，理由是因为它们本身就是自由的、文化的，这样口头说说倒是很容易。有人敦促要为那些假定会在现行经济体制内砍柴挑水的人①增加狭隘的职业培训,这也相对容易办到;但却没有触及现行的书呆子型的教育,而这种教育是为那些不必在家里、商店或者农场从事体力劳动的幸运儿服务的。可是,既然真正的问题在于对一切教育进行重组,以适应伴随工业革命而在科学、社会、政治上发生了变化的生活环境,那些致力于这个更加广阔目标的实验就尤其值得人们怀着同情去承认,带着智慧去审视。

---

① 原文"drawers of water and hewers of wood"(挑水砍柴的人),典出基督教《圣经·约书亚记》。应为"hewers of wood and drawers of water",指"做苦工的人"。——译者

第十章 借助劳动的教育

为了让孩子们明智地参与生活中的一切活动,包括谋生这样的重要活动,我国的一些城市进行了教育实验。这些实验给正在开展的劳动教育改革提供了重要的范例。我们选择其中一些城市来进行描述,包括加里、芝加哥、辛辛那提。本书没有关注那些专门为学生提供一个专业领域知识教育而设计的学校或者课程,也就是为一个特定的企业或者职业培训人员的那种学校。诚然,迄今为止,我国在劳动教育方面所进行的大部分实验,都把街坊邻里中最大的技工企业所提供的材料用作教学内容的基础,因此也为其中一个或者更多的行业培训了学生。不过,只要实验是源于对教育和社区的福祉怀着真诚的兴趣,至于实验在哪里实施,并不是本书关注的问题。教师的兴趣并不在于任何企业的福利,而在于社区年轻人的福利。在一个社区,如果物质的繁荣几乎完全归功于一至两个企业,那么,显然社区个人的福利与这些企业有着非常密切的关系。于是,这些企业成为培训的内容,而且是其中绝对功利之部分。通过这种方式,最容易达到教育的目的——培养孩子们最明智地运用自己的能力,最明智地利用环境。普通公立学校的教育问题不在于为一个行业培训工人,而在于利用儿童所处的整个环境,给他们的学习提供动机和意义。

在加里市,这一点比任何其他地方都进行得彻底。沃特局长对儿童肌肉及感官训练的价值深信不疑;为了达到这个目的,他没有安排人为的练习,相反地,他让孩子们做的事正是他们的父母做的事，要求他们运用肌肉的技巧和精细的协调性，以及在日常生活活动中良好的协作精神。加里市的每个孩子，不分男生女生，上学的时候眼前有装备良好的车间；一旦到了足够的年龄，他们可以在里面尽自己的能力去管理教学楼，维持秩序。除了一个没有高中生的学校，所有学校都有一个午餐厅供女生学习烹饪，有一个缝纫间供女生学习制衣，此外还有一间印刷所，有木工、电工、机器、模具、锻造、浇铸等车间。男女学生只要想学，都可以在里面学习制作他们每天在身边见到的大多数东西。学校还有油漆部、金工间、记账班、速记班。科学试验室则有助于孩子们理解在自己所生活的世界中发挥作用的原理和过程。

通过运行前面所描述的"复校二部制"，装备及运行这些车间的资金通常是从一般规模学校的财政预算里节省下来的；此外，学校通常用于维修的费用和支付给承包商的费用也节省下来，花到了这些车间上，并用来支付在车间里教学的熟练工的工资。与那些仅在暑期才维修教学楼的学校相比，这里的教学楼维修得更好，因为只要有什么地方需要维修，在需要维修工种的车间里面学习的学生就会在教师的指导下完成维修。无论从哪个角度，都不应该把这些车间视为毫无必要的奢侈品，因为使用这些车间的还有专门从事某一类工作的中学生和上职业课的夜校和暑期学校的学生。在谈到这个计划的成功之处时，学校的管理人员说："当你提供了一个校舍，孩子们一天 8 小时可以在里面过一种完整的生活，在里面工作、学习、玩耍，孩子们可以到车间里，在训练有素的男女教师的指导帮助下，担当起操作设备和维修校舍的职责。这样，在没有增加纳税人额外花费的情况下，我们为每个孩子提供了一个学会劳动和经商的学校。"

一到三年级每天花1小时做手艺训练和绘画，这些都是以简单的手工课的形式进行的，而且不在车间里上，而是由接受过专业培训的教师在特别装备的房间里授课。学生们绘画，刷油漆，做泥塑，缝纫和做简单的木工活。四到八年级花在手艺训练和绘画上的时间要多一倍。年龄小的孩子可以到车间去做帮手和观察员，而且去的时间与他们去科学实验室一样多，对理论和操作步骤的学习与高年级的差不多。美术和较为简单形式的手工继续保留，以专门训练控制能力和从独立处理问题中获得方法。由于年龄小的孩子特别热爱创造，所以继续学习美术和手工，直到他们长到一定的年龄，能够选择去哪个车间做老师的徒弟。六年级的孩子在年龄和体力上都有资格开始实际从事修理和维护教学楼的工作，因此，他们不再做观察员和帮手，而成为真正的工人。分发学校的物资、保持学校记录、照料园地等，都由这个年级的学生在校办或者植物实验室教师的指导下完成，而且这些工作和刷油漆或者修电灯一样，构成了一门车间学习的课程。学校的热力电厂也是学生的实验室。由于他们要做很多与维持电厂运行有关的工作，所以用完全符合实际的方式在厂里学习供暖和照明的原理。

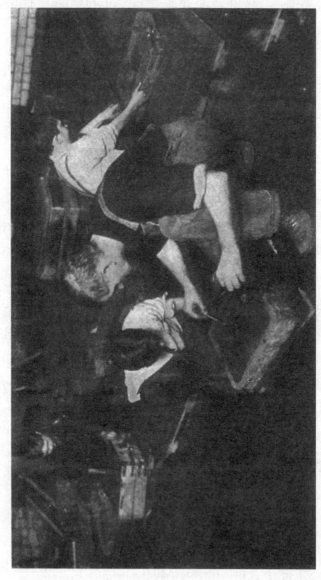

学习铸造，制造学校的设备（印第安纳州加里市）

学校的工业课和科学课一年只占三分之一的时间，然后是为期 5 周的更短的试听课程。学生根据教师的建议，选择自己要上的劳动课。如果第 5 周结束时，他们不喜欢这门课，可以换课，一年可以换两次。通过这种方式，劳动学习就不会失去教育的性质，不会单纯变成让少年工人来维修学校的方式。一个学年学三门劳动课，只能让学生肤浅地了解其中任何一种工作的理论和操作步骤。不过原本应该如此，因为学生学习这些课程并不是为了成为木匠、电工、裁缝等，而是为了解世界上的工作是如何做的。他们从一门课转向另一门课，按照自己年龄阶段的理解力去学习劳动的理论，同时也保障了全面的肌肉和感官训练。把成长中的孩子在太长的时间内局限于同一种肌肉活动，对其身心两方面都是有害的。为了保持生长发育，他做的活动要能够锻炼其全身，要能提出新的问题；要教给他新的东西，培养他的推理能力和判断能力。任何体力劳动，一旦完全掌握，习惯成自然，便失去了教育意义。

在加里市，刚刚从东欧农业地区来到美国的移民孩子，与受过良好教育的美国人的孩子一样，有机会为一个职业做准备，换句话说，有机会真正了解自己适应新环境的各种能力。从他进入公立学校的第一天开始，不论是上日托所、幼儿园或者是一年级，他就来到了这样一些人的中间，他们致力于让他实事求是地看待事物，教他如何做事。在日托所，他玩的游戏教会他如何控制身体；在他得到悉心照料的过程中，他不知不觉地学会了一些个人卫生和合理生活的原则。等到他进了幼儿园，身体训练活动继续进行，以便让他生长中的身体做出有用和准确的动作。在一到三年级，教学的重点是教他读、写，并为学习书本的理论知识奠定一个良好的基础。他身体的成长则在操场上进行，他每天在操场上活动两个小时，做一些有助于他整个身体自然发育的活动，玩一些游戏，好让他满足游戏的欲望。与此同时，他迈出了更加具体的职业培训的最初步子，这种培训涉及生活中实际谋生的一面。他学习摆弄处在文明基础层面的材料，很像原始人使用这类材料的方式，因为这种方式适合他所能达到的技能和理解的程度。他在小的手工织布机上织一块粗布，用泥土做盘子或者他熟悉的其他东西，用芦苇或者酒椰编篮子，用铅笔或者油彩笔画一些好玩又好看的东西，使用针线缝制一个包或者围裙。所有这些活动都是教会他制作物品的最初步骤，而这些物品都是我们生活中所必需的。织布和缝纫让他了解衣服是如何制成的，泥塑和绘画给他的学习带来了一些艺术特色，为他提供了一种表达自我的必要方法，同时又让他明白，生活中即便最简单的东西也可以变得美丽。

到了四年级，学生不再制作孤立的东西，因为制作的价值完全在于过程，而东西的价值仅仅在于引起孩子的兴趣。不过，无论他拥有什么样的艺术天赋，他仍然有时间去培养，仍然可以通过音乐和艺术来熏陶他天性中的审美品质。但是，余下的手工进一步转向了职业培训。现在,手工课的时间全部用来对某一工种或者企业进行集中的有用的学习。此时,学生对游戏不那么感兴趣了,所以玩耍的时间比过去减少,而化更多的时间去搞制作。女生到制衣部,从为自己制作衣服的生产者的角度学习缝纫。由于她还小,不能长时间做一项难做的活儿,所以开始的两年只当帮手、做观察,听七、八年级或者九年级的理论课,帮助他们干活。女生可以从一开始就选制衣课,等3个月结束时换到其他部,比如到学校午餐厅帮厨并了解健康食物,以及食品化学的知识,为期3个月。或者,如果她喜欢绘画,可以把时间都用到某个车间,培养自己那方面的才华。

男生用同样的方式选择到某一个车间去学3个月。在木工车间,他要等到足够大的年龄才能为自己制作一些教学楼里需要的简单物件。如果他选择去铸造车间,就有机会帮着钉马掌,或者帮助大一些的男生浇铸课桌的铁腿。通过这种方式,他了解到原来铁这么广泛地用于最常见的物品。到了五、六年级,几乎所有的男生都至少选一门仓库保管课程。他们和看门人一道去学校的仓库,手里拿着物资清单,开包检查来自学校各车间及校外的物资。如果学校需要用这些东西,他们便根据办公室的要求分发物资并记账。他们学习实际记账,并在仓库学习期间,承担有效管理物资供应部的责任。由于他们了解所有物资的成本价,学会了保管和分发物资的方法,于是对一个城市支出税收的方法和商店经营的一般方法会有一个清楚的了解。男女生都要学习关于记账及办公室管理的初级课程。他们到所谓的学校银行,记录学校所有学生在车间学习的情况。

学生在毕业之前,已在学校各种车间完成了一定学时的学习,结果令人满意。为了满足每个学生的需要,学分的多少并非仅仅取决于某一门课为期 3 个月的考勤,而是由教师根据学生完成一件活所花的时间给出学分。工作的进度是标准化的,以确保所有学生得到比较公平的训练。学得慢的学生也得按工作完成情况来确定学分,而不论他花了多少时间。学得快的学生即便超过中等学生,他的学分也将根据他做的所有工作来计算。一定量的"标准小时"可以换算成"1 个学分",然后学生据此获得一个学分证书。等拿到 8 个这样的证书,他便完成了加里市的学校毕业所要求的职业培训学习。所有与保管这些学分证书记录有关的工作,由学生在一个高年级学生的指导下完成。

从七年级开始,学生就成了各车间富有责任心的学习者。如果一个学生知道自己读完八年级便要离开学校,那么,他从现在起就要开始专门学习一个行业的工作。如果他希望做一个印刷工,可以到学校的印刷所去学一年。如果他觉得办公室的工作能吸引自己,可以把所有的劳动课时间都投入到记账部。女生则担负午餐厅的工作,为食谱做所有营销和策划工作,而且还做记账工作。缝纫课包括制衣业越来越复杂的东西。女生学习画纸样,学设计,许多人还选修女帽课。办公室管理的课程现在有了扩展，增加了速记、打字和操作方法。艺术课也拓宽了，增加了设计和金工。这些年级的劳动学习与职业部的中学学习没有区别，除了随着学生长大，他自然会倾向于选择将成为他终身职业的工作进行学习。职业部门的功课与学术部门的功课处于完全同等的地位。学校采取一个宽松的态度，即认为一个打算上大学的孩子需要在大学学几年，想当木工或者油漆工的学生就在学校里待几年。结果，有极高比例的学生升入高等学校学习。

在大城市，劳动阶层的子女一般认为，只有那些想当老师的人才需要在14岁以后继续上学，至于离开学校去工厂还是商店并没有什么区别。但是，在加里市，新生从上学的第一天起，便看见毕业班的男女生还在学习如何干活，可他原本以为大概要等自己最终参加了工作才会去学习。他明白了：这些学生在车间里比自己的优势大得多，今后挣钱更多，工作的层次更高，做得也更好。通过学校车间里上的理论课，他对自己所选行业的机会和可能性有了总体的了解，而且更接近教学目的的是，他知道这个行业还需要更多地学习哪些东西。他熟悉这个行业工人的情况，知道不同技术等级的工资情况，以及额外的培训可以把一个人提高到什么地步。对自己想从事的行业，他掌握了全面的信息，也有自己的展望。因此相对而言，加里市的学生离开学校的非常之少，而且那些不得已离开的又回来上夜校或者周日班，就一点也不奇怪了。

在加里市的一个学校上完 4 年中学的学生，无论是否继续上大学，都很清楚自己学习的目的。如果今后想坐办公室，他便围绕这个目标来选择该学习什么课程，甚至也许在拿到语法等级证书之前就已经决定了。但是，他不会仅仅因为已经学会办公室工作的基本内容而走什么捷径。只要能够开阔眼界，他什么都愿意做。当然，他学的东西有打字、速记、记账、会计、整理文件等，他还需要在语文、语法、拼写等方面有足够的实践，才能把工作做好。此外，他还需要学习历史、地理、科学，这样他才会觉得学习有意思，并具备一般知识的背景，而一般知识将丰富他的一生。准备上大学的学生则学习入学考试必需的功课，同时也上很多手工课，但大部分中学不要求高考的学生花时间上这种课。用脑子工作的人了解工厂的工人是如何从事生产的，这很有价值。同样，让后者了解自己所操作机器的图案是如何画出来的，了解控制工厂电力供应的原理，也很有价值。在加里市，学习在任何意义上说都是职业教育。离开学校之前，学生有机会了解众多职业中任何一个职业的具体工作步骤。但是，从入学的第一天起，他就一直在学习如何在现实社会环境中从事劳动的动机和原则。因此，无论今后他做什么，那都将真正成为一种职业、一种生活的事业，而不是拿钱干活的例行公事。

这里的学习都富有成效，这极大地提高了学生训练的价值。所有的车间都是加里市这所学校的制造厂，学校办公室变成了学习管理的实验室。在学习制衣的过程中，女孩子制作了自己需要的衣服；在学习烹饪的过程中，她们为自己也为他人烹调午餐。科学实验室用车间里的工作来说明理论。化学课程变成了食品的化学，植物学和动物学包含了料理学校的园子和动物等内容。绘画课增加了设计以及房屋装修，或者为金工车间制作模具。算术课解决木工班的问题，语文课强调学生在印刷所里工作必须了解的东西：通常，有释义、拼写、标点符号。与把所有时间都扑在书上的做法相比，这种合作更有效地发挥了作用。对大多数人而言，现实世界是一个真实的世界，可是当看清观念的世界与行动的世界之间的联系之后，观念世界变得极其有趣。由于学习名副其实，所以，为了贯彻满足学生个体需求的教育政策，学校不断为学生提供机会。前面已描述过，不论是职业部还是普通文化课部，都按照快、中、慢来分班，这使学生可以在准备好的情况下再去学习，而不用被推着走，也不拖同学的后腿。慢班同学与快班同学学到的东西是一样的，学得快的同学不会因为学的东西不足而得过且过。但是，如果由于任何原因，一个学生不适合这种分班的常规课程，学校也不会强迫他相信这个学校没有他的位置。因为身体的原因不适合坐在课桌前学习的孩子也来学校上学，但其所有的时间都是在户外度过的，由一个老师来帮助他变得健壮起来。

同样，复校二部制使算术弱的孩子赶上来，而又不会在其他科目上退步。他就跟着两个年级听算术课。在车间，差生在一个项目上学的时间更长，但由于他的进步并不与全班的进步捆绑在一起，所以没有什么关系。对待那些认为自己厌恶上学的学生，或者因为太笨无法继续上学的学生，其方式并不是威胁和惩罚。他的老师会理所当然地认为，一定是课程计划的针对性不好，所以会主动帮助他修改学习计划。

对于毫无理由便匆忙退学的孩子，如果想回来，学校也允许，并让他把时间花在自己喜欢的事情上。通过这种方式，学校经常赢得学生的赞许，因为学生在自己喜欢的车间或者艺术工作室干了几个月后，发现自己需要更多的书本知识才能继续工作下去，于是要求回到原来的年级学习。学校为了应对大批移民学生而采取的方式更有效。这类新生集中学习语文、阅读、写作，一直到能够进入与其年龄自然匹配的年级为止。对于只希望经过学校短期学习便去工作的学生，如果他需要什么就安排他去听什么课，而且不问年龄和年级。教学楼周围的工作，如果不能在车间或者部门负责人指导下由学生完成，也不用从外面雇帮手来干，而是把工作交给两种学生来完成：一种是对这项工作感兴趣的，另一种是准备离开学校的。对于这种工作，学生只做几个月，等到在这里已经没有什么可学，或者在外面找到了更好的工作，工作便会停止。学生助手得到的报酬略低于在外面工作所挣的，但这个计划常常有助于学生继续接受学校的影响和教育，否则为了挣钱，他也许在结束技工培训之后马上就离开学校。

加里市很幸运，能够建立这种全面的教育体系；并在其所辖的学校以一种近乎完整的形式，让这个体系运转起来。这个城市实际上是从一片荒沙丘上突然冒出来的，发展得很迅速，很快就变成了一个繁荣昌盛的城市。也有许多城市越来越强烈地认识到，必须把学校的课程与学生的生活更紧密地结合起来，给孩子们提供生活的一般培训和生活的世界观，等他们长大成人以后，这样的生活将适合他们在世界中的位置。近来，芝加哥公立学校在一些教学楼引入了职业教学，职业中学除了行业培训外，也开设职业课程。当然，一幢大楼的车间，如果中学和公立学校各年级都不去使用，要求像加里市那样装备复杂的设备，这是不现实的。芝加哥市二十几所学校的教学楼都配备了上科学课所用的实验室、木工车间、烹饪间和缝纫间。这些学校都有一个园子，学生可以学习如何搞实用的城市园艺。学生手艺训练的时间从四分之一到二分之一不等，但不像市里的其他学校那样只占八分之一。这二十几所学校在其他方面仍然遵循常规课程。改革前就在学校工作的教师确信，与过去把所有时间都花在书本上的时候相比，学生读书一样多，但由于动手课程激发了学习动机，学生的学习比过去更好。

这些学校开设的课程并非整齐划一，但大部分学校为男生开设了机械制图、纸样制作、金工、木工、印刷等课程，为女生开设了缝纫、织布、烹饪、女帽制作、洗衣、家政课程。男女生都开设有设计、陶艺、装帧、园艺课程。为满足街坊的需求，各校的

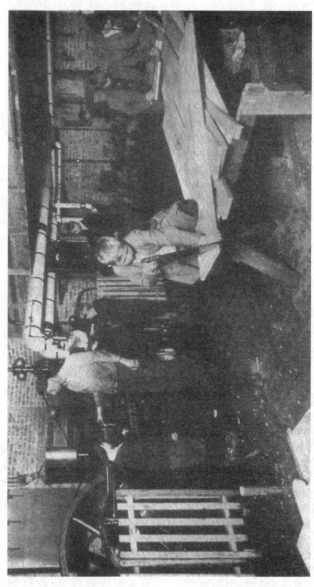

从五年级起，在实践车间进行实物操作（印第安纳州加里市）

课程略有不同。各大楼的资源状况不同，也因地制宜。不过，在同一所学校里，所有学生的课程都是相同的。因此，学生从其中一所学校的八年级毕业的时候，对两至三个行业的原理和操作步骤已经有了初步的了解。这些特定的动手课程，加上音乐、艺术等常规课程，再加上缝纫、织布和陶艺等基础训练，构成了低年级的学习内容。这些训练的目标，是让孩子能够理解那些满足人的日常需求的工作内容，从而弄清自己社区生活的方方面面。教会学生了解并熟悉一些技工行业，目的并不是为了把他们限制在街坊上的企业里。

在这种学习中，用于学习科学基础的实验室发挥了极大的作用。学生通过实验室来学习理解现代工业的基础，而且对自己的环境有了一个总体的认识。如果缺乏这种全面的视野，真正的职业培训是根本不可能成功的，因为学生不断了解不同种类工作的地位及其相互关系，他才能真正选择自己今后的职业。学生学习物理、化学、植物学的基础课程，这种学习对他们在车间所做的工作有着明显的意义。植物学与园艺课结合起来教。女生学化学，是以食品化学基础的形式来教授的。有一个学校开设电学实验课，学生在实验室课堂上把所学的定律应用到劳动之中，讲到电流的时候，学习如何布线；讲到磁铁的时候，学习如何制造发电机等。所有学生都学习科学基础课，以便对事物运动的方式有一个真正的基本认识。毫无疑问，即便是在试验阶段，这些职业学校也已证明取得了确定无疑的成功,使学生的书本知识学得比过去好。把知识和日常生活的事物结合起来,给书本知识赋予了意义和趣味,同时对他们今后作为成人谋生时所需要的东西提供了心理和身体的训练。

芝加哥有五所技术高中,其中四所为男子学校,一所为女子学校。所有这五所学校以及另外三所学校,都开设了以"职业前培训"闻名的课程。这些课程是为这样一种学生开设的,他们达到了法定毕业年龄,但由于学习太差未获准毕业,而他们因为自己太差又不愿意留在学校。这些课程再一次证明,这种为城市孩子提供日常生活中实际事物的训练具有很大的价值。分到这些班的男女学生绝不是有缺陷的孩子,只是因为这样或者那样的原因,他们不能照常在普通学校继续学习;通常是健康原因,或者是因为孩子不停地转学,或者是因为普通课程没有什么吸引力,所以不能专心学习。职业前培训学习班包括六、七、八三个年级,大部分时间用来培养学生动手的技能;同时并不忽视书本知识,学生仍然要达到普通学校的标准,只不过讲授的内容没有那么多。由于中学有设备,所以在这里学习比职业语法学校更多样化。此外,学生的抱负受到激发,很大一部分学生还学习额外的课程,然后转到正规技术高中学习。尽管过去学习很差,但转过去后,他们与正规学生学得一样好。要是在过去,他们中是不会有任何人进入高中学习的。

女子技术高中跟职业语法学校差不多,只是学得更全面,这样毕业生更具备到企业工作的条件。烹饪课的内容有:在学校的午餐厅学习管理、营销培训、家庭菜园管理、管家概论。职业班要花大量时间来学习烹饪、管家、餐厅管理。在缝纫课上，女生学习如何给自己做衣服，同时也学习在一个好裁缝店工作应该掌握的东西。对于想学机器操作的女生，学校也开设了相应课程。更高一级的课程教授图案制作和设计，这些都是开店所需的。不过，最重要的区别在于这里强调妇女的传统职业艺术的一面。女生学习裁缝时要学习绘画和色彩。在管家部，如何把家变得舒适是一个关键问题，艺术部装饰了一个样板房。任何作品的图案和着色，无论是待绣的中心装饰品、衣服、陶罐，还是织物，都要由制作者本人到艺术部去精心设计，然后才能到车间去制作。女孩子并不只是学习如何更有效地做单调乏味的家务，而是要学习如何把它变成一个职业。

男子技术高中的职业课继续学习常规文化科目，同时让学生到装备精良的车间学习。学习的内容有印刷、木工、锻造、金工、机械制图，还有机械加工车间的内容，再加上艺术部的内容。学生并非专攻一项，而是接受全面训练。语法学校职业课程的目标是：针对学生身边的不同工作，给学生一个轮廓，使他们对今后想做的任何工作都有所准备。这里的学习与加里市很相像，都注重文化。这些课程成功地挽回了学生，成功地让其他学生赶上了功课，成功地把学生留在了学校。这些都清楚地说明，对于许多学生而言，至少把有些学校的课程和日常生活的活动联系起来学习，是很有必要的。

技术高中为那些无力在学校学四年的学生提供两年的课程。这些课程在设计的时候，就针对某个确定的职业来培养学生，同时又要足够宽泛，等同于高中头两年的课程，以便学生后来有能力继续读完后面两年的课程。在莱恩学校，两年的课程有模具制作、机械加工、木工、电工、印刷、机械制图，上这些课的同时还需要学习语文、算术演算、绘画和生理学。学四年的学生根据自己的期望，可以选修其中的 3 门。技工课程也为高考做准备。建筑课程使学生具备到建筑部门工作的能力，贸易概论可以让学生马上进入企业。学习的前两年，学生把时间花在普通科目上，后两年主要用来学习直接与学生选择的职业有关的课程。学校并没有给本来应该学四年的学生提供捷径，因此两年的课程并没有减少总的出勤率。相反，学校把另一种类型的学生吸引进来，这些学生本来是想直接参加工作的，后来又乐意作出牺牲，再学两年，因为这两年是一个机会，可以专门用来为选定的职业做培训。所有这些技术高中的成果说明，只要能够看清学习的出路，男孩女孩都喜欢进学校，都喜欢学习。让年轻人学习自己想学的东西，这是一种比逃学监管官或者法律更能有效留住他们的方法。

在莱恩学校，不同部类之间的课程联系是很紧密的，以便让学生看清任何一种工作与自己所做的每一件事之间的联系。教师让一组学生解决一个问题，比如制作汽油发动机或者真空吸尘器，不同的课会针对不同的元件结出答案。以真空吸尘器为例,由于每个学生在某种意义上成了发明家,那么,要制定出除了有关吸尘器的观念外的每一样东西。因此,学生在有能力制造吸尘器以前,必须具有一定程度的物理学和电学的知识。在熟悉了吸尘器的原理后,他们画草图,然后在机械加工车间对草图展开讨论,进行修改,直到草图变为现实。上机械制图课时,学生要准确地画出整体和每一个局部,然后到模具车间根据图纸制作模具。学生自己做模子,自己搞浇铸;等所有的部件都齐备后,再到机械加工车间和电气车间去制作真空吸尘器。汽油发动机的问题也用同样的方法解决。由于给学生的所有功课都是按照其教育价值和实用性来选择的,所以学生自己完成与生产有关的一切,从在实验室或者教室里弄明白理论到拧紧最后一颗螺栓。理论与实践相结合,不仅使前者具体易懂,而且防止动手的工作变得乏味狭窄。学生解决这种问题的同时,也增加了知识,增强了能力。他检验了自己学过的东西,明白了如何运用知识以及知识代表什么,他变成了有用之才。这种学习还培养了他独立运用自己智力的信念。

辛辛那提市教育局从略微不同的角度做了一些尝试,试图为该市的学生提供更好的教育,使他们能够为将来做好准备。辛辛那提四分之三的在校儿童像许多城市那样,刚到 14 岁就离开学校,其中许多人没有读完五年级。他们之所以这样,是因为他们感到必须去工作,以补贴家用。当然,14 岁的五年级学生只适合做最简单最机械的工作,所以报酬非常低。一旦进了工厂或店铺干活,就很少有机会得到发展,或者成为任何行业的企业主,或者独立门户。他的学校教育教给他的仅仅是初级水平的读、写、算,通常对自己所从事的工作的理论和实践一窍不通。他很快就会发现,自己再也学不到什么了。在这种条件下,能够继续学习并跻身老板或者负责人位置的只是凤毛麟角。经济上陷入工作最低等级的人,对自己作为公民的生活不会表现出多少活力或者智慧。辛辛那提的学校在引入手艺和劳动训练方面所做的实验,就是为了通过学校的努力来医治这种不幸,即只要可能,就设法把想留下的学生留在学校;如果不可能,则给他提供边工作边接受教育的机会。

俄亥俄州的法律规定,除了非工作不可,否则,儿童必须在学校待到 16 岁。16 岁时,他们会得到一个证书,允许他们为自己找到头一份工作。每换一个工作,就必须更新一次许可证。因此,学校总是把学生留在学校里,直到他找到工作。如果出于什么原因,他没有工作,学校会同他联系并设法让他重返学校。辛辛那提市还开办继续学校,凡是在 14 到 16 岁之间离开学校的学生,每周必须回到学校来学习几个小时,接受关于自己所从事的工作的理论指导。收银女孩要学商务英语以及工作中需要使用的算术和推销技术,并接受一定数量的关于自身行业的一般性培训。学校为 16 岁以上已工作的人开设自愿继续学习班,任何车间或者商店都可以通过自愿继续学习班来使用公立学校的设施,为自己的员工提供更多本行业的理论知识,使员工的工作更加有效。

继续学习班,对那些不能回到学校的雇员无疑具有极大的价值,但学习班并不是要让他认清当今那些能够让他明智选择最适合自己工作的问题和情况。学习班使他在某一特定的行业得到提高,但这个行业可能是偶然选中的。这些学习班的作用,是对那些年纪轻轻就要出门挣钱的孩子有所补偿。辛辛那提全面试行的合作计划不是一种权宜之计,而是对教育的显著贡献,迄今为止都很成功,具有很大的提示性价值。与其他职业培训计划相比,这个计划更多地利用了社区支柱企业的教育价值。市里工厂的车间变成了学生的学校车间。许多工厂表示愿意与市里合作,做第一年的实验。实验的结果很成功,乃至更多的工厂急于用这种方式招收学工。从某种意义上说,这回归到了手工制造时代盛行的老式师徒制,因为通过到市里工厂干活挣钱的方式,学生在工作和车间环境中学到了手艺,从而得到了必要的实践机会。

随着计划的进一步深入,工厂和店铺将不再是唯一为市里的学生提供实验室的社区机构。市立大学将启动一个计划,让学家政的学生去市立医院实习,做护士、厨师、管家或者记账员,让学工程和农业的学生去市里的机械加工车间和抗旱指挥部实习,从而得到实践机会。尽可能把市政府的部门用作学生的车间。在不能提供学生所需工作机会的地方,学生将去办公室、店铺或者条件达到市教育委员会规定标准的工厂实习。迄今为止，该计划仅在市内中学选修技工课程的男女学生身上进行试验。结束了头两年学习——相当于任何条件较好的技术高中的学习——的学生，开始轮流去学校和车间学习。学生选择自己今后希望从事的工作，并在与学校合作的工厂或者店铺得到一份工作。他拿的是学工工资，在车间主任的指导下做常规工作，同时对车间主任负责。他在行业的环境中工作一周，遵守工作的要求，下一周他回到学校上课；在他不在的这一周，厂里的空缺由同一个行业的学生顶替。在学校里一周的课程，完全是理论学习。学生继续学习英语、历史、数学、绘画、科学，还系统地学习有关企业的生产流程、科学知识、产品使用、历史、产品销售以及企业史，从而丰富他对本行业的认识。在工厂和车间轮流的工作和学习，在中学要持续到最后两个学年；在大学则贯穿到整个课程，当然，前提是学生继续在市立大学选修技工课程。

从职业指导的角度看，与把学生一直留在教室直到永久地走进一个工厂的做法相比，这种方法具有一些明显的优势。他在工厂的实践学习，带有实验的性质。如果他的第一个选择是一个失败，他不会感到道德上的挫折；但一个自食其力的人，则会有这种感觉。学校采取这样的态度：如果学生没有作出准确的选择，学校会与学生合作，努力使其在第二个工厂的体验更接近他的能力和兴趣。学生在工厂的工作和课堂上的学习都有详尽的记录，这两方面的成绩相互影响、密不可分，不会分开

（1）孩子们对自己想了解的事物很感兴趣（印第安纳州加里市）
（2）女生在缝纫课上做自己的衣服（印第安纳州加里市）

来评价。如果他的课堂成绩好而工厂记录差,说明他选择的工厂不合适;课堂学习的性质通常会作为一种线索,提示学生应该换哪一种工作。如果他两方面的成绩都一般,就需要更换工作;在已经更换了工作的情况下,就要显著地提高其理论学习。学生有机会检验自己的兴趣和能力,有机会发现自己对这两者的判断是否正确。如果是不正确的,他便有了一个形成正确判断的科学依据。

这项工作并非从行业的角度来开展,就是说,学校的目标不是培养已在一个行业完成了两年学徒学习的工人,不是为这个特定的工种培养技工;而是让学生了解贸易和企业的实际环境,以便自己有一个标准,并据此作出最终的明智抉择。课堂学习是为这种抉择提供培训的必要条件,因为这种学习对于一个男生的兴趣爱好,与他在车间里取得的成功一样,都是一种指导。课堂学习把他的判断从单纯的好恶提高到基于实践和理论的知识水平。对于真正明白自己需要什么并渴望实现目标的杰出学生,这个计划也提供了一种明显的优势。他在车间里工作的时间满足了他渴望工作的欲望,在课堂上,他对行业更广泛的方面及可能性有了足够的了解,所以认识到额外的理论培训对满足自己的实践目的所具有的价值。

计划实施一年后,大批起初对这个计划无动于衷的工厂要求用这种方式接受学徒工。此外,许多学生决定继续上大学,但上中学时如果所有的时间都花在课堂上,他们不可能有这个打算。女生的技工课程仅包括传统上应该属于妇女的那些工作，因为这些工作都与持家有关。她们可能继续在学校学四年，不过，这段时间的学习变得很实际，比如让学生们点缀帽子，自己做衣服，搞烹饪挣钱，学习与烹饪有关的采购、销售和记账。或者，她们也可以像男生那样，在最后两年轮流半工半读。到目前为止，女生只去女帽厂或者缝纫厂工作；在工厂里，她们跟其他男生一样，在实际的行业条件下工作。与男生一样，女生工作的目的是为了帮助她找到终身的工作，为了让她在心理和道德上适应工作，为了培养她对自己所从事的职业及其社区抱着一种理智的态度。在工厂工作的经历本身并不是目的，而是达到这些更大的目标的手段。

第十一章

民主与教育

前面描述的这些学校之所以入选，并不是因为我们坚信它们代表了我们国家正在进行的最有成就的改革，而只是因为它们表明了当前教育的总趋势，并且因为它们似乎较好地代表了不同类型的学校。出于需要，我们省略了大量材料，而省略的那些材料与呈现在这里的内容无疑具有同样的启示意义。我们没有试图触及振兴农村教育的重要运动：在范围和目标上，这场运动与当前进行的任何教育改革一样具有深远而有益的意义，因为其目的是为了克服封闭的缺点——这种封闭阻碍了乡村学校的教师，为了利用儿童的自然环境以便给儿童提供职业教育，而且利用的方式与城市学校利用非自然环境的方式是一样的。此外，一些教师个人或者学校尝试用最有效的方法来教授传统课程，然而，除非他们的工作说明了更重要的教育原则，否则，我们没有必要关注这方面所做的工作。为了使学生能够取得好的成绩，有些教师采取了一些手段和巧妙的方法。尽管对于教师而言，这些手段和方法似乎常常很有提示作用，甚至鼓舞作用，但是，如果他们只是更好地利用传统教育的一般内容来进行教学，便不适合本书的计划。

　　我们一直关心更为基础层面的教育改革，关心学校的觉醒，以便学校能够认识到：自身的工作应该是培养儿童，应该为儿童未来的社会生活做准备。有些学生将在追求知识的过程中度过一生，并且将在生活的实际方面从家庭环境里接受必要的训练。从数值上来说，这样的学生总是一个小因子，以致学校没有采取明智的措施来为他们设计学习内容。我们所讨论的学校都摆脱了那些仅仅适合一小部分特殊阶级的课程，从而转向了切实代表一个民主社会的需求及其环境的课程。

　　尽管这些学校都很相像，都反映了教育的新精神，但它们为获得期望的结果而使用的方法却存在很大的差别，它们的周围环境及学生也不同，这足以表明即便目标一致，当地的条件必然对其方法产生影响。对于一个深感教育存在民主问题的教育工作者而言，最迫切的任务似乎是要尽可能把儿童与其环境全面而明智地结合起来，这既有利于儿童的福利，又有利于社区。当然，由于社区的条件和教育工作者的性格及信念不同，实现这个目标的途径也不同。不过，虽然在不同的学校之间、在密苏里州哥伦比亚市的梅里安先生所制订的计划与芝加哥公立学校的课程之间存在着巨大的差异，但是，如果分析一下这些看似极端不同的观点背后的观念，我们就会发现，相似之处似乎才是最根本的。这是因为，这些最根本的相似之处说明了教育改革的方向，而且其中许多相似之处是现代科学和心理学在改变我们看待世界的方式时所产生的直接后果。

　　奇怪的是，这些相似之处大多可以在卢梭所倡导的观点中找到出处，只不过这些观点作为理论以外的东西而受到欣赏则是非常晚近的事。第一个相似之处，是重视学生的身体健康。现在人们已经认识到，必须保证所有年轻人身体健康，因为身体健康是其他品质和能力得以培养的基础，不能指望在虚弱、缺乏营养或者无法控制的身体里培养其他品质和能力,这一点已经变成了一种常识,毋需在此赘述。无论从个体的角度看,还是从社会的角度看,健康都是重要的。因此,重视健康对于一个成功的社会就更加必要了。

虽然所有的学校都认识到学生的身体健康很重要,但却未必理解通过儿童的活动来增强儿童体质在实现教育总目标方面的潜在价值。迄今为止,只有教育的先驱才认识到幼儿是在何种程度上通过运用身体来学习的。一种教育制度,如果不运用身体来教大脑,也不运用大脑来教身体,便不可能指望它能够保障智力的总体发展。这简直就是在重申卢梭的命题:幼儿的教育主要取决于是否允许他"自然生长"。前面业已指出,约翰逊夫人在何种程度上把学生身体的成长作为发展学生智力的工具,以及肌肉的技巧在蒙台梭利夫人的教育体系中所起的重要作用。想一想,小宝宝为了理解周围环境中最熟悉的物体,摆弄触摸东西时要付出多大的运动量。要记住,儿童及成人与非常小的幼儿一样,运用同样的大脑机制来学习;于是,运动似乎不仅是顺理成章的,而且是十分必要的。机体在能够说话和走路之后,它的运动方式便没有什么区别了;唯一的区别在于活动变得复杂得多,但没有起初的锻炼便不可能出现这种复杂性。现代心理学指出,人的那些天然的本能就是他学习的工具。一切本能都要通过身体来表现,因此,教育如果抑制身体的活动,就是抑制了本能,也就是抑制了学习的自然方式。

就在教育中应用这个事实的程度而言,本书所描述的学校都把学生的身体活动,即身体发育的手段,当作训练判断能力和正确思维的工具。换句话说,学生在做中学。用这种方式来教学,除了心理学的原因之外,这是认识到儿童身体健康的重要性之后必然出现的逻辑结果,自然会给课堂教学内容带来变化。

学生怎样才能学到东西呢?如果没有明确的目的,活动只能增强肌肉的力量,而不能影响学生的脑力发育。这些学校采用基本相同的方式回答了这个问题,尽管它们解决的具体问题不同。儿童必须参加具有某些教育内容的实践活动,就是说,要再现真实的生活情境。不论是学习几百年前发生的事情,还是用算术来解决问题,还是学习刨木板,都要求学生这样做。呈现给学生的历史事实必须是真实的,不论学生是根据历史事实编话剧,还是建造一艘北欧海盗船,学习的中心思想和细节必须符合已知的事实。学生在做中学的过程中,实际上是在精神和物质上复活一些业已证明对人类重要的经验。他像原先做这些事情的人一样,在脑海里经历了一遍。正因为做过了,所以他明白那个结果的价值,也就是事实的价值。仅仅口头上说一遍,即便是事实,并不能揭示事实的价值,或者真理的意义,即事实就是事实的意义。如果儿童仅靠书本知识来喂养,一个"事实"与另一个事实没有区别,他们就没有判断或者信念的标准。以儿童学习重量和计量单位为例,课本上说8夸脱等于 1 配克①,可是教师都知道,等他举例时,习惯于用 4 来代替 8。很明显,他在书上看到的并不代表书本之外的事实,所以他脑子里留下什么数字(或者是否留下)是一种偶然。但是,当杂货店的男孩一夸脱一夸脱地计量过配克,就会十分明白。如果有同学说 4 夸脱等于 1 配克,他一定会笑他。这两种方式有什么区别? 学校里的男孩没有经过实践便得到了结果,可这个结果必须通过实践才能获得。对于杂货店的男孩而言,经过实践之后,书上的话才有价值,才是真理,因为这是一种经验的结果——这是一个事实。

有人认为,实践活动在课堂教学中仅仅具有一种效用的价值,甚至主要是一种效用的价值。现在我们明白,这是一种谬误。如果学生要理解教师期望他学习的内容,如果他学的知识是真实的而不是停留在文字上的,如果对他的教育要提供判断和鉴别的标准,那就需要实践活动。对于成年人而言,大多数现实生活的活动不过是或多或少满足基本需求的手段,这是毋庸置疑的真理。这些活动,他做得太多了,以致它们作为各种人类知识的意义已经消失。但对于学童而言,却不是这样。以在学校厨房干活的孩子为例,他准备午餐不仅是因为他要吃饭,他还学习了一大堆新的东西。在按照食谱指南操作的过程

---

① 配克(peck),英美谷物、水果、蔬菜等的计量单位,等于 8 夸脱或者 2 加仑。——译者。

中,他学习了如何把事情做得准确,饭菜做得是否好吃是对学生成败的绝佳检验;在度量的过程中,他学习了算术和计量表;在混合配料的过程中,他发现物质受到控制时是如何表现的;烘烤或者煮东西时,他发现了物理学和化学的一些基本事实。做这些动作需要调整肌肉和大脑的控制能力,成年人具备这种调控能力,再重复这些动作,就会给肤浅的思想者这样一个印象:学生这样做不过是在浪费时间。杂货店的男孩用配克量过东西,所以知道1配克等于多少,但他的知识储备并没有增加;由于他不断用配克来计量,很快便到达了知识的顶点;但与此同时,这种知识发现也就结束了。于是,单纯的操作代替了知识的发现。学校正是在这一点上,能够确保学生的知识继续增长。工人的活动,如果单纯是为了立竿见影的实际效用,那就变成了一种机械的活动。对学校学生来说,这种具体的经验已经足够了;只要他需要,只要他理解了一件事所证明的原理或者事实,他就知道如何做这件事。该是他继续往前去接受别的体验和学习别的价值事实的时候了。如果学生学会了如何按照食谱操作,如何配料和使用炉子,他就不会继续重复同样的基本步骤;他开始扩大学习,吸收更多的烹饪内容。烹饪课的教育价值仍在继续,因为他现在要学习诸如食品价值、菜单、食品成本、配料的化学和烹饪等问题。厨房变成了学习人类生活基本方面的一个实验室。

一种积极的教育形式的种种道德优势,强化了教育在智力

千有用的活儿来训练手、眼、脑（印第安纳州加里市）

上的益处。我们已经看到，这种教学方法必然给学生更大的自由，而这种自由对于学生的知识和道德的成长是一种积极的因素。同样，用实践活动来代替通常孤立的课本学习，也取得了积极的道德效果；对于两种方法都使用过的教师而言，这些效果是显著的。在以积累书本事实为标准的地方，记忆力是获取知识所必须依赖的主要工具。教师必须刺激学生记住事实；至于他记住的是原话还是意思倒无多大的区别，因为无论哪一种情形，都是为了让他储存知识。那不可避免的结果是：学生的记忆力好就得到奖励，记忆力差就受到惩罚，记忆力不太好的时候就得低分。这样，重心就从学习本身的重要性转向了学生学习时外在条件的成功。既然任何人的表现都不可能是完美的，因此不及格就成了明显和强调的事情。学生觉得自己永远也达不到别人期望的标准，就会灰心丧气，但又不得不经常与之搏斗。他的错误不断受到纠正，不断被指出来。如此他所取得的成功并不是特别令人鼓舞的，因为他只不过是复制书本上的课文而已。在好学生身上所培养的美德是服从、温顺、屈服，而这些美德是苍白和消极的；他抱着一种完全被动的态度，他的能耐更多的是把从教师那里听来的或者从书本上看来的东西再还回去。

奖励和高分不过是人为的追求目标，却使学生习惯于期望在学习结果的价值之外再得到点什么。学校被迫依赖这些动机的程度表明，它们多么依赖与真正的道德活动无关的动机。

但是，在儿童通过做事情来获得知识的学校里，知识是通过他们所有的感官来呈现给他们的，而且变成了行动；它并不需要动用记忆来留住他们发现的东西；肌肉、眼力、听力、触觉以及推论过程，所有这些联合的结果变成了儿童身上一部分有效的知识。成功使人感到取得积极成就的喜悦，因此不再需要人为地劝导学生努力学习，学生会出于热爱学习而学习，学习不是为了得到奖励，也不是因为害怕惩罚。活动需要有积极的美德——充沛的精力、积极性、创造性，这种美德甚至比执行命令时所表现的绝对忠诚更具价值。学生看到了学习的价值，由此也看到了自己的进步，而进步又刺激他去追求进一步的结果。这样，他的错误不会受到不合适的重视，也不会让他灰心丧气。他能够积极地把错误当作教训，让下一次做得更好。既然学生不再为获得奖励而学习，作弊的诱惑也就降到了最低的程度。不再存在搞欺骗的动机，因为结果就显示出儿童是否做了功课，是否认识到唯一的结果。为了完成一项任务而学习，其道德价值当然比为奖励而学习更高。尽管一种突出独立和积极之学习习惯的环境可能改造不了一个真正的坏人，但是，在这样的环境里，软弱的人会变得坚强，坚强的人不会养成一些坏习惯，坏习惯乍一看觉得无所谓，但累积起来就严重了。

当前大多数改革者共有的一个观点，即他们在如何看待学校功课的问题上不同于传统，都试图寻找学生感兴趣的功课。过去认为这个问题无关紧要，而且认为一定数量的枯燥无味的作业对于塑造学生的道德品格是非常有益的,因为枯燥的作业甚至比其他作业具有更大的纪律作用。强迫学生去完成一项对他没有吸引力的任务,可以培养其毅力和坚强的品格。毫无疑问,承担一项令人厌恶的任务是一种非常有用的成就,不过,其用处并不在于令人厌恶本身;事物并不会因为它令人厌恶或者不愉快便是无用的或者不需要的,情况恰恰相反。仅仅因为一种功课具有"纪律"价值,就让学生做这种功课,这与其说是无视过分的道德热情,不如说是无视道德的价值,因为这种习惯终究不过是以瑕为瑜。

然而,如果说缺乏趣味性不能作为选择课堂作业的动机,那么,对趣味性不能作为一个选择标准的观点持反对意见也是合理的。如果我们狭义地理解趣味性的意思,认为只是指"因其娱乐性而逗孩子乐和吸引孩子",那么,这种反对意见很有道理。听到别人说学生应该对做的事感兴趣时,对教育的新精神持批评态度的人很容易臆断趣味性指的就是这种狭窄的含义。于是,他用符合逻辑的方式指出,这种教育体制缺乏道德力量,满足孩子心血来潮的古怪想法,实际上是在总体上削弱社会的品质,是在满足人贪图安逸的欲望。但是,学校并没有为了学生而降低功课的难度,也没有企图给传统的课程罩上糖衣。就性质而言,这种变化更加涉及根本的问题,而且以正确的心理学理论为基础。学生的功课已经发生了变化,而这样做的目的并不是要把学生所有的功课都弄得很有趣,而是依据功课对儿童的自然吸引力来选择功课。趣味性必须是选择的基础,因为儿童有了学习的需要,就会对所需要学的东西发生兴趣。

一个婴儿会长时间不断地重复同样的动作或者触摸什么物体,两三岁的儿童怀着强烈的兴趣搭积木,或者往桶里装沙子,我们对这些情形都很熟悉。他们做这个不是一次,而是几十次,而且每次都同样地全神贯注;这是因为,这些对他们来说是真正的功课。他们处在生长的过程中,尚未发育的肌肉还没有学会自然协调的动作;目标明确的动作必须在儿童大脑有意识的指导下不断重复,直到他能够完成这个动作而不再对自己所做的感到要去适应为止。由于幼儿必须使周围的事物适应自己,他的兴趣和需要是一致的;如果不是这样,他便不可能生活。随着幼儿渐渐长大,他对各种需要的控制迅速变得自然,而我们就很容易忘记他仍然像婴儿一样学习。他所需要的东西仍然是调整的能力,这将是他终身的需要。良好的调整能力意味着一个人的成功,所以较之别的事,我们从本能上对学会调整更感兴趣。现在,儿童通过身体的活动来调整遇见的事物,为了生活,他必须控制他生活的自然环境。凡是引起他兴趣的事物,就是他需要学习的事物。因此,在为任何一组儿童选择功课时,明智的做法就是从儿童当时所处的环境中引起好奇和兴趣的事物中去寻找功课。显然,随着儿童的长大和他对身体和自然环境的控制能力增强,他会去探寻他周围的生活中更为复杂的和理论的方面。

但是，用同样的方式，课堂的功课有了扩展，吸收了一些事实和事件，但这些事实和事件并不以任何显而易见的方式存在于儿童的周遭环境之中。这样，以兴趣为选择标准而不以任何方式限制教学内容的范围。有些功课，学生喜欢，觉得值得一试；有些功课，给他们以希望，对他们有益，但做的时候同样需要坚持和专注，就像纪律训练最严厉的鼓吹者对学生提出的要求一样。他们要求学生为自己看不见的目标奋斗，所以设定人为的目标、分数和晋升制度，把学生封闭在大脑和感官不能随时听从生活召唤的环境之中。可是，生活强烈地吸引着学生。解答一个问题，就会使他立刻有了一种成就感，就会觉得好奇心得到了满足。所以，学生带着问题，把自己所有的才华全部用到学习上，目标本身便足以形成必要的刺激，使他完成艰苦的学习。

传统型的教育训练儿童驯服和服从，训练他们认真完成强加的任务，反正是强加的，会导致什么结果不用管。这种教育适合于极权社会。这些特征属于这样的社会，在那里由一个领袖来规划和看护人民的生活和制度。但是，在一个民主的社会，这些特征妨碍了社会和政府的有效管理。我们关于民主的著名而简短的定义是"民有、民享、民治"，它为民主社会的内容也许提供了一个最佳的线索。社会和政府管理的责任系于社会的每一个成员身上。因此，每一个人必须接受培训，才能够担当起这个责任；必须了解环境和人民的集体需要，必须培养一些特定的品质，才能确保他们的行为公平地分担政府的工作。如果我们训练自己的孩子被动接受命令，训练他们做事而不问缘由，不给他们为了自身利益去行动和思考的信心，那么，我们在克服目前教育制度缺陷的道路上，在树立民主理想真理的道路上，就等于设置了几乎无法逾越的障碍。我们的国家是建立在自由之上的，但是当我们在培养未来国民的时候，却不给他们以自由。学校的儿童必须得到自由，这样，当他们成为管理主体的时候，就会明白自由意味着什么；必须培养学生的诸如进取心、独立性、随机应变等积极的品质，这样，民主的滥用和错误才会消失。

传播对民主与教育关系的认识，也许是当前教育发展趋势中最为有趣和最具意义的一个方面。由于这种传播，人们对大众教育的兴趣越来越浓，用科学和心理学来促进教育变化的论点（这一点前面已做了勾勒）得到了增强。毫无疑问，依靠教科书的教育方式很适合一小部分儿童；由于环境的原因，这一小部分儿童不必从事实际工作，他们对抽象的概念又很感兴趣。不过，即便是对这种类型的人，这种教育制度也给他们掌握知识留下了极大的缺陷。这种制度丝毫不重视行动对于智力发展所起的作用，它虽然是按照学生的天然禀赋来提供教育的，却无法培养实际动手的能力，而惯于抽象思维的人通常就缺少这种能力。对于绝大部分不喜好抽象思维的人，由于他们只能以实际工作为生，通常要依靠双手来做工作。所以，我们必须运用一种教育方法来弥合生活中纯知识、纯理论的方面与其实际运用之间的鸿沟。随着民主思想的传播，随着对于社会问题的觉醒，人们开始认识到，每一个人，无论他恰好属于哪一个阶级，都有权要求得到能够满足自身需求的教育，而且国家必须满足这种需求。

直到不久前，学校教育仅仅满足一个阶级的需求，这个阶级的人包括那些仅对纯知识感兴趣的人、教师、学者和研究人员。需要向从事体力劳动的人提供培训的这种思想很新，就连学校也才刚刚开始认识到，控制物质生活方面的方法也是知识。直到不久前，学校还在忽视人数最多且为整个世界生产生活必需品的那些阶级。究其原因，相对而言，民主还是一个新生事物，在其到来之前，绝大多数人——用双手干活的人——要满足自己更大精神需求的愿望从来就没有得到过承认。他们的作用以及存在的理由，似乎就是为了满足统治阶级的物质需求。

在过去的 150 年里，有两个伟大的变革改变了人类的生活和思维习惯。我们业已看到，其中的一个变革是民主理想的发展，它要求教育发生变化；另外一个是科学发现带来的变革，这些应该在课堂上得到反映。面对蒸汽机和电力的发现，如果只是把历史知识串连到一块来，大致反映社会的状况，便难以充分描绘这些发现以及类似的发现给社会带来的根本变革。从教育的角度看，最具意义的可能就是事实的剧增，任何人要想成功地适应生活的环境,就必须把这些事实变为大脑储备的一部分。这些事实数量之大,企图用教科书在课堂上教授全部的事实,是十分荒唐可笑的。相反,本书介绍的这些学校,坦诚地面对变革,改变课程;勇敢地坚持尽可能多地教授事实,教会学生如何从这个世界学到东西。这些学校推出创新计划,增加利用事实的机会,带来了教育的改革。不过,科学所提出的变革更为激进;这些学校遵循的都是本书所提到的基本思路。正如这些不同学校的课程所显示的那样,这个思路就是不单纯教授那些一经发现便改变了社会面貌的科学定律,而是教给学生生活事实以应付实际工作,不是教学生么学习和记忆分门别类的书本事实,而用前者去取代后者。

如果学校欲承认各个阶级的学生的需求,如果学校欲为学生提供训练,确保他们成为成功而有用的公民,其教学不仅要使学生体格健壮,道德高尚,对国家和邻居抱着正确的态度;而且要让他们具备足够的控制物质环境的能力,从而达到经济上的自立。职业的准备一直备受关注。我们看到,过去忽视了对产业工人的培训。科学发现使现代工业变得复杂起来,因此,要想培养出真正有能力的工人,就必须打好普通教育的基础,并在此基础上提高技术能力。人与人的差距很大,因此,学生应该熟悉那些适合自己喜好和能力的工作。本书关于普通教育原则的论述,仅限于满足这种需求的劳动教育或职业教育。但是,关于具体行业及职业的培训却完全不属于本书论述的内容。不过，狭义地说，这场推进劳动培训的工作的某些事实对于上述问题具有直接的意义。因为随着这项工作的展开，目前存在着一个巨大的危险，即由于人们偏爱行业培训，反而忽视了正在加里市和芝加哥市展开的真正的基础教育工作。

那些举足轻重的公民往往只关注熟练工人应该具备什么能力，却忽视对普通教育进行重新调整。通过亲身体验，也许还出于自己的兴趣，熟练工人理解了作为一名熟练工人应该具备什么能力。德国把技术行业培训变成推进这个帝国商业竞争的一种国民财富，其重视技术行业培训的程度令我国那些处于举足轻重地位的公民佩服之至。有些 14 至 18 岁的工人在更早的年龄便离开了学校，要提高他们的素质，看来最直接、最具实效的办法就是建立一个继续教育学校（Separate Schools）体制，并且单独设立专门为各个工种直接培养工人的学校；与此同时，让现有的学校基本上保持不变，为高等学校和较少需要体力劳动的行业培养学生。

继续教育学校很有价值，也很重要，但却仅仅是止痛片，是权宜之计；它解决的是本不应该存在的问题。儿童不应该在 14 岁就离开学校，而应该留在学校直到 16 岁或者 18 岁。儿童应该学会明智地使用自己的精力，学会恰当地选择工作。只要接触过 14 岁辍学去工作的学生，无论其数量大小，教师及工人都知道，辍学的原因与其说是经济的压力，不如说是他们对学校能够带来什么益处缺乏信心。当然，有时候孩子喜欢上学,但为了挣钱不得不一有机会便离开学校。不过,即便是这种不多的情况,通常更明智的做法是继续那种流行的家庭安排,让孩子在学校度过 14 岁的生日,哪怕是借助慈善捐助的计划。十四五岁孩子的工资很低,仅仅能改善那些生活在匮乏状态的家庭。

与留在学校的孩子相比,这种毫无希望的状况更糟,因为这些孩子挣钱的能力提高得很慢,其最高工资也非常之少;从长远来看,孩子本人及其家庭所遭受的损失超过了暂时的、毫不稳定的收入。但是,学生提出的最常见的辍学原因是不喜欢上学,所以急于找些实际的工作来做。他们辍学,并不是因为自己已经为工作做好了准备,也不是因为自己已经完成了什么培训课程,而完全是因为上学似乎无用,学校很难满足他们的兴趣,结果他们抓住第一个机会来改变状态,去做一些更加实际的事情,去做一些能够带来可见结果的事情。

因此,为满足这类学生的需要,必须对普通学校的教学进行重组,使学生为了学习内容的价值,愿意留在学校。目前的体制既不得力又目光短浅;继续教育学校弥补了这个体制的一些缺陷,却不可能完全克服,也不可能使学生获得迟来的知识增长。在知识增长的过程中,一旦小学的调整出现错误,这种增长就会受到抑制。理想的做法不是把学校当作现有劳动体系的工具,而是用劳动来重组学校。

存在一种危险,即生意人的共同利益及其在公共事务上的影响力会分解劳动培训，从而损害民主和教育。教育工作者必须坚持教育价值观念优先，但并非是出于教育工作者的利益，而是因为教育的价值观念代表了社会——尤其是一个建立在民主基础之上的社会——更为根本的利益。劳动在教育中的地位，不是为了具体的行业而仓促加快培养学生。劳动应该（就像在加里市、印第安纳波利斯和其他地方的学校一样）为每个学生必须掌握的理论知识提供实际的价值，应该让学生理解自身所处的环境条件及其制度。一旦做到这一点，学生就会具备必要的知识和智力，从而正确地选择工作，并努力获取必要的技能。他的选择并不会因为他已经知道如何做一件事（唯一的一件事）而受到限制，决定他进行选择的将仅仅是他自己的本领和自然倾向。

行业学校和继续教育学校招收的学生年龄都不太大，他们对自己的选择能力也没有足够的了解，仅在一个狭窄的方面接受理论与动手技能的培训，结果，学生会发现自己仅仅对某一种工作具备足够的能力。如果这个工作后来证明不适合他做，那也仍然是他唯一受过培训的工作。这种体制不能为个人能力的最佳发展提供机会，而且容易把人固定在某个阶级里面。

那些在起步阶段招收熟练工人的企业似乎受益最大，可一旦进入难度更大的工序，就会失去这种优势；因为这些工人不具备一般的知识和广泛的经验，而技术高中或者职业中学的毕业生却具备。由于各个行业都需要利用环境，因此，为了驾驭环境,把行业的内容引入学校,这将大大有助于培养大量民主社会所需的有独立精神、有知识文化的公民。

对形成固定的阶级采取默许的态度,这对一个民主社会来说是致命的。财产的差距、大量无技能者的存在、轻视体力劳动者、不能为促进人生发展的培训提供保障,等等,所有这一切都共同促成了阶级的产生,并且扩大了阶级之间的鸿沟。在消除阶级分化的问题上,政治家和立法机构应该有所作为。明智的慈善机构也可以有所作为。但是,公立教育系统才是唯一能够一劳永逸地解决这一问题的基本组织。过去,美国在成分多样的人口中培养了一种团结互助的精神,共同的利益感和目标感压倒了力图把人民划分为不同阶级的强大力量,每个美国人为这些方面所取得的成就感到自豪。我们的生活变得越来越复杂,在社会的一端,是财富大量的聚集;在社会的另一端,则是差不多仅有维持生活必需品的状况,这使得民主的任务变得更加艰巨。过去只有一个社会体系,个体混合在这个体系之中,它所提供的东西足以满足人们的需求,可这样的岁月正在迅速消失。因此,教学的内容和教学的方法必须积极主动地适应民主社会的目标。

有钱人家的孩子属于一个系统,劳苦人家的孩子属于另一个系统,这样的情况是不能允许的。尽管这种安排所强加的结构性分割不利于培养一种应有的相互同情之心,但还不是最坏的。与其相比,更坏的是一些人接受书本教育,另一些人接受

"实践"教育，由此造成理智习惯与道德习惯的分离，并导致理想与世界观的脱节。

注重学术的教育所培养出来的未来公民，对体力劳动丝毫没有同情心；也绝对没有接受过有关的培训，所以无法理解当代最严重的社会及政治难题。与没有接受培训时相比，行业培训培养出来的未来工人可能掌握了更多立竿见影的技能，但他们的头脑并没有得到拓展，他们对自己所从事的工作的科学意义和社会意义缺乏洞见，他们所接受的教育并不能帮助他们在探究中前进，也无助于他们做出独立的判断。把公立学校系统一分为二，让一部分采用传统方法，而用传统方法来改进教学是很难的；让另一部分培养未来的体力劳动者，这意味着我们制订了一个命定社会成员的计划。这样的计划与民主的精神是格格不入的。

民主社会宣称，机会均等是民主的理想，这就要求建立一种教育体系，让学习与社会运用、思想与实践、工作与对工作意义的理解等从一开始就结合在一起，而且向所有人开放。我们在本书中所讨论的这些学校说明，机会均等的理想如何变成了现实。这样的学校正如雨后春笋般在全国兴起。

修 订 版 译 后 记

对于约翰·杜威这个名字，今天的读者一般都不大熟悉。除非是专门研究杜威的，或者是搞美国教育或实用主义哲学研究的，否则"杜威"恐怕是非常遥远或陌生的名字。毕竟杜威离开这个世界已经 66 年，而且他的许多重要学术著作是在七八十年前写的。

不过，如果我们提两个国人非常熟悉的名字——胡适之和陶行知，也许能帮助读者找回一些对杜威这个名字的依稀记忆。这两个对现代中国产生重大影响的人物正是杜威的亲传弟子。其实杜威的弟子还包括北京大学前校长蒋梦麟。在弟子的努力之下，应中国五所学术机构的联合邀请，在 1919 年"五四"运动的前夕，杜威来到了中国，主要讲解他的实用主义和进步教育，而且一待就是 26 个月，对当时中国的知识界产生了重要影响。

杜威当然是一个影响巨大的学者。1949 年 10 月 20 日杜威庆祝 90 岁生日，1500 位宾客前去祝寿，其中包括美国总统杜鲁门、英国首相艾德礼、印度总理尼赫鲁以及 100 多所美国大学的代表。十几个国家安排了庆祝活动。在千百万"杜威粉丝"看来，在美国历史上如此深刻影响众多领域的，非杜威莫属。很多人认为他是继托马斯·杰斐逊之后对美国影响最大的思想家。杜威有一大堆头衔：哲学家、教育家、心理学家、思想家、自由主义的代表、美国的教育之父、20 世纪最具国际声誉的思想巨人，等等。

他的学术成果之多，套用一句"陈词滥调"，叫"汗牛充栋"。1939年，为庆祝他80诞辰，哥伦比亚大学出版了杜威著作目录，他发表的著作书目占了158页。据统计，他一生出版了36种书，发表了815篇文章及小册子，议题包罗万象，涉及认识论、形而上学、美学、艺术、逻辑学、社会理论、伦理学、心理学、教育学、政治学。2018年，中国出齐了39卷最具权威的汉译本《杜威全集》，也是中国哲学界、教育学界、心理学界、翻译界的大事。

杜威在教育上的贡献和影响尤其重要。有些人认为他是继夸美纽斯之后最伟大的教育家，在远景和思维上改变了学校教育的意义。他的教育范式促使美国和欧洲对教育体制进行了重组，使之从纯理论教育转变为应用性和实践性教育。就贡献而言，他与他之前的伟大教育家有一个很大的区别：裴斯泰洛奇奠定了现代教育的基础，福禄培尔和赫尔巴特在裴斯泰洛奇的基础上将现代教育发扬光大，但唯有杜威才为彻底的民主教育和科学教育提供了充分的理论。1904年，他到哥伦比亚大学任师范学院的教育哲学教授。自此之后，他为美国教育带来革命，差不多所有的美国公立学校都出现了"杜威化"现象。有人认为，因为杜威，美国学校儿童才生活得越来越愉快，越来越幸福。

他应邀访问过许多国家，他的著作被翻译成许多国家的文字，留学生学习他的哲学和教育思想，归国后成为这些国家的教育先驱，比如中国的胡适之和陶行知。因此，他的教育思想及实践影响了全世界。许多国家向他咨询教育政策，所以他的思想还曾经在这样一些国家的教育制度建设或教育改革中体现出来，比如中国、日本、土耳其、墨西哥、俄国、英国、法国等。

如果上述介绍说的大多是 20 世纪 20 年代至 40 年代的事，那么今天，杜威还有影响么？答案是肯定的。在美国的学校和世界其他一些国家，他的实用主义、建构主义和民主的思想理念仍然在发挥作用。很多学校仍然很重视社区建设与学校的关联性，重视用于现实生活的高层次思维技能，强调根据学生的兴趣来设计教学，学生仍然是本地社区和社会的批判性思考人和积极的贡献者。进步主义教育者和看中结果的实践者的许多概念和思想仍然反映了杜威的影响，比如解决问题的技能、在做中学、批判性思维的技能、终身学习等。

要了解杜威的教育理念，《明天的学校》便是最重要的入门著作。本书写于 1915 年。进入 20 世纪之后，美国的学校教育发生了重要变化，这种变化是对此前 150 年人类社会变化的回应。杜威认为，"有两个伟大的变革改变了人类的生活和思维习惯。我们业已看到，其中的一个变革是民主理想的发展，它要求教育发生变化；另外一个是科学发现带来的变革，这些应该在课堂上得到反映"（p. 236）。这些变化呼唤大众教育。社会发展的时代特征召唤着教育者必须进行改革，以便让儿童获得更大的自由，以便把儿童的学校生活跟环境和世界观统一起来，以便教育在民主社会发挥作用。学校教育之所以必须改革，是因为普通学校并没有为儿童的自然生长和发现外部世界提供机会，磨灭了儿童的好奇心；是因为普通的课程还在以个人奋斗、适应生存为目的，忽视了美国社会已变成了一个科学、民主社会的事实，因而也就忽视了这个社会的科学和理想。简言之，社会已发生巨大变化，而学校教育的目的、内容和方法还是老一套的，还在为已经不复存在的社会服务。在科学与民主的社会，"学习与动手相结合的教育将取代灌输式教育。不论灌输式教育如何适应封建社会，在此基础上开展的教育与一个民主社会是格格不入的。封建社会期望绝大部分人对上级的权威不断地表现顺从，而民主社会的准则是创造性和独立性"（p. 133）。杜威指出，普通学校并不关注儿童对知识的渴求或实际的需要，用灌输的方式教授知识，忽视了儿童的生长需求，用卢梭的话说："教育方法很残酷，为了遥远且不确定的未来而牺牲现在。"（p. 5）杜威提出："我们必须用更好的理想去取代这种有害无益的教育目标。……使学生掌握学习工具的方法，一种能给学生提供情境并能激发学生的求知欲的方法……在学校学习知识的真正目的不是知识本身，而是发现如何获取所需知识的方法。"（pp. 15—16）杜威从卢梭、裴斯泰洛奇、福禄培尔身上传承了教育即自然生长的理念，提出教育即生活、教育即生长、教育即经验的改造。

正如杜威在序中所言，这本书并不是一本探讨教育理论的书,也不是教育学的教科书,更不讨论新的教学法。杜威在书中提供一系列鲜活的案例,这些案例代表了当时美国学校教育改革的新趋势,因此取名《明天的学校》。新的趋势可以概括为几个方面:

1. 重视学生的身体健康。通过活动来增强儿童体质。身体活动是身体发育的手段,是判断能力和正确思维的工具。

2. 鼓励学生在做中学。

3. 学校再现真实的生活情景。

4. 教学方法有个性。

5. 寻找学生感兴趣的功课,但并未降低功课的难度,依据功课对儿童的自然吸引力来选择功课,趣味性是选择的基础。

6. 学生带着问题学。

7. 传播对民主与教育关系的认识。

简言之,案例中的学校"按照自己的方式,把自柏拉图以来的一些理论付诸实践"(p.5)。

本书的结构清楚表明了作者的教育理念:教育是一个自然生长的过程,也是自然生长的环境。自然生长的核心是游戏、讲故事、手工、观察。要实现自然生长,要使教育适应儿童的自然生长,必须进行课程重组。书中所描述的各类学校,通过课程重组,使自然生长的四个要素得到充分体现,结果,这些学校有效地解决了自由和个性发展与纪律之间的关系、学校与社区的关系,或者说学习与社会的关系、学习与环境的关系,把学校教育与工业教育结合起来，使劳动成为有效的教育手段和内容。这种课程重组充分体现了教育在现代民主社会中至关重要的关系。这个结构逻辑严密，首尾相顾。

通过这些案例学校的实践，杜威讨论了许多重要的教育问题：应该以教师为中心还是以学生为中心？是强调书本知识还是经由体验而获得知识？应该用纪律来管束学生，把学生安排在狭小空间，还是应该给学生相当的自由？应该按照成人的期待来灌输知识，还是让学生与生俱来的各种能力得到自然生长？是应该关注儿童目前的需求还是未来遥远的需求？教师是否应该批评学生？如何对待"问题学生"？等等

借助案例学校的实践，杜威对这些问题做出了回应，他认为，"教育就是让习性和能力得到适宜的生长"（p. 6）；"我们的悲剧性错误就在于过于担心成长的结果，以至于忽视了成长的过程"（p. 6）；"童年的根本含义就在于它是一个生长的阶段、发育的阶段。因此，打着成人生活成就的旗号来鄙视童年的能力和需求便是一种自杀"（p. 6）；学习是一种需求，不应是一种装饰，不应是强加的东西；"教师期望的是迅速获得看得见、摸得着的结果，这样的教育，并不顾及学生是否会得到充分的发展"（p. 18）；"在以学生知识水平为分级依据的学校里面，这种过分强调学生的失败和缺点的做法是很明显的"（p. 24）；"纪律与自由并非是水火不容的概念"（p. 110）；"迄今为止，学校的学习一直是与驯服或者被动的大脑联系在一起的"

(p. 111);"教师必须从西塞罗式的人物和独裁者的角色转变为看护者和帮助者的角色"(p. 140)。

这些是 100 多年前的问题和回应。如果我们用这些问题去针对我国的教育实践，或者说教育问题，那么，我们会悲哀地发现，许多问题正是我们学校教育中的问题，而且很多问题几乎是我们的学校教育的共同问题和普遍现象。从这个意义上讲，《明天的学校》并不过时，不仅如此，它还非常具有现实意义和指导意义。我们一直在提倡创新。殊不知创新的精神源于儿童时期的教育，源于教育所提供的自然生长环境，源于学生免受教师的经常性训斥与精神打击。我们提倡文明、包容、自信，殊不知文明、包容、自信源于教师与学生之间的相互尊重，而不是只有对教师和上级的驯服，源于对自己的自觉约束，源于团队的相互协作。

《明天的学校》进入我国的时间非常早，据说民国时代即有译本，上世纪 80 年代又出现了一个编译本。照理说，这样一本重要的著作，研究的人应该很多，但遗憾的是，专门研究这本书的文章寥寥无几。根据我对此书的认识，《明天的学校》应该是中小学校长、教师案头的必备读物，更应是年轻家长们的必备读物。

我没有读过过去的译本，为了不受束缚和影响，也特意没去读，我坚持按照自己对杜威哲学、教育思想的理解以及对他语言风格的把握来进行翻译。翻译中，我的原则是把握原文的语境意义和作者的意图,时刻想着汉语的读者,尽可能把杜威晦涩的语言用明白晓畅的汉语表达出来。

何克勇

2018 年 11 月 29 日

于北京莲花斋